Plenk's Spezialführer

Von Ruhpolding bis zum Königssee

Elke Kropp

◯	Rundtour
⌇	Aufstieg wie Abstieg
↗	Höhenmeter im Anstieg
☆	Varianten
🚌	mit öffentlichen Verkehrsmitteln erreichbar
🎅	vergnüglich für Kinder
🛒	für Kinderwagen geeignet
❄	auch im Winter lohnend
🍴	Einkehrmöglichkeit
🏛	Kulturelles Highlight

▢	Talwege, wenig Steigung	📍 Startpunkt
▢	Wanderwege, kaum ausgesetzte Stellen	▶ Wegrichtung
▢	Wege mit ausgesetzten Stellen	⚑ Ziel

ISBN 978-3-944501-89-5

Tourenverzeichnis

Einführung

Was diesen Wanderführer ausmacht................. 4
Übersichtskarte 10

BERCHTESGADENER TALKESSEL

1   Königssee-Halbinsel mit St. Bartholomä............. 12
2   Obersee und Fischunkelalm.......................... 16
3   Malerwinkl am Königssee und Rabenwand........... 18
4   Kührointalm und Archenkanzel 21
5   Grünstein... 24
6   Königsseer Achenweg................................ 26
7   Priesbergalm 28
8   Jenner 31
9   Brandkopf... 34
10 Sulzbergkopf und Oberschönauer Wiesen........... 36
11 Scharitzkehl und Ligeretalm........................ 40
12 Kehlstein 43
13 Obersalzberg – Lindeweg, Höllgraben,
    Schluchtenweg, Kalter Keller 46
14 Kälberstein-Sprungschanze und Rostwald 50
15 Berchtesgaden und Maria Gern 54
16 Gerner Höhenweg.................................... 59
17 Kneifelspitze....................................... 62
18 Ettenberg und Almbachklamm....................... 64
19 Köpplschneid....................................... 68
20 Kleiner Barmstein.................................. 72
21 Auer Rundweg und Lercheck......................... 74
22 Stollenweg und Oberau 78
23 Rossfeld-Panoramastraße und Purtschellerhaus 81
24 Tristramschlucht und Böcklweiher 84
25 Maximiliansreitweg und Kastensteinerwand........ 88
26 Loipl 91
27 Engedey und Söldenköpfl 94
28 Wimbachgries....................................... 98
29 Ramsauer Dorfkern und Kunterwegkogel 102
30 Zauberwald, Hintersee und Wartstein 106
31 Hintersee und Halsalm 110
32 Klausbachtal mit Bindalm und Ragertalm........... 112
33 Hirschblichlpass mit Litzlalm und Bindalm......... 116
34 Ramsauer Schluchtweg und Soleleitung............. 119
35 Toter Mann und Hirscheck......................... 122
36 Rund um den Schmuckenstein...................... 124
37 Soleleitungsweg und Taubensee 126
38 Mordaualm.. 130
39 Schwarzbachloch und Alm.......................... 132

INZELL, WEISSBACH, SCHNEIZLREUTH

40	Aschauer Klamm	136
41	Weißbachschlucht	140
42	Höllenbachalm	143
43	Himmelsleiter, Weißbachfall und Waldbahnweg	146
44	Falkensteinrunde und Einsiedl	150
45	Inzeller Kienbergl	154
46	Inzeller Filzen und Kesselalm	158
47	Bäckeralm	162
48	Frillensee	164

BAD REICHENHALL

49	Thumsee mit Ruine Karlstein und Pankrazkircherl	167
50	Kugelbachbauer und Salinenwege	170
51	Bürgermeisterhöhe und Saalachsee	173
52	Predigtstuhl	176
53	Nonner Oberland und Listsee	180
54	Bad Reichenhall – Rundgang durch das Stadtzentrum	183
55	Burg Gruttenstein und Bayerisch Gmain	188
56	Marzoll	192
57	Naturpark Untersberg und Salzburger Freilichtmuseum	196
58	Ruine Plainburg und Wolfschwang	200
59	Dötzenkopf	203
60	Alpgarten- und Mais-Rundweg	205
61	Hochplatte	208
62	Freimahderköpfl	211

RUHPOLDING

63	Ruhpoldinger Dorfzentrum und Adlerhügel	214
64	Infangtal und Wittelsbacher Höhe	218
65	Nördliche Traunauen und Vordermiesenbach	220
66	Maria Eck	224
67	Hochfelln	228
68	Thorau Almen	231
69	Nesslauer Alm	234
70	Haaralm	237
71	Röthelmoos Almen	240
72	Vier-Seen-Runde	244
73	Unternberg und Brander Alm	247
74	Kaitlalm und Schwarzachenalm	250
75	Rauschberg	253

| | Schlechtwettertipps | 256 |
| | Register / Impressum | 266 |

Tourenverzeichnis

Was diesen Wanderführer ausmacht

Nicht alle Liebhaber von Bergregionen zieht es auf die hohen Gipfel: Viele Urlauber und auch Einheimische bevorzugen, den Ausblick in die Bergwelt zu genießen, während sie genussvoll Spaziergänge und Wanderungen unternehmen. Oder Bergbahnen zu nutzen, um dann ohne stundenlange Anstrengung in höheren Regionen unterwegs sein zu können.

Leichte Touren: 2 bis 4 Stunden
Für diese Interessenten bietet das vorliegende Buch die idealen Vorschläge: Zwischen zwei und etwa vier Stunden dauern die Touren – nur bei der Wanderung zum grandiosen Aussichtpunkt Archenkanzel hoch über dem Königssee ist man deutlich länger unterwegs, wobei bequeme Wege sowie Almen die Tour erleichtern.

Wandern und Spazierengehen mit Genießer-Höhepunkten
Welche Region eignet sich besser für genussvolle Touren als die Region der Berchtesgadener und der östlichen Chiemgauer Alpen? Hier finden sich vielfältige Wanderziele: Almen und Berggasthöfe, Höhenwege, weite Täler und Blumenwiesen, Berg- und Badeseen, Klammen, Schluchten, Moore, beeindruckende Aussichtswarten, mit Bergbahnen erreichbare Gipfel – die Aufzählung ließe sich noch lange fortsetzen. Zudem ist diese geschichtsträchtige Region reich an schönen Orten und kulturellen Höhepunkten, die sich in die Wanderungen einflechten lassen.

Mit welchen Reizen die Regionen aufwarten
Ganz bewusst spannt dieser Wanderführer den Bogen von Ruhpolding bis zum Königssee: Ohne Frage ist die Berchtesgadener Region mit Königssee und Watzmann die bekannteste unter den hier vorgestellten Regionen, so dass es meist auch die Urlauber in Ruhpolding, Inzell und Bad Reichenhall dort zwischenzeitig hinzieht. Umgekehrt sind Ausflüge nach Bad Reichenhall, der berühmten Kurmetropole seit dem 19. Jahrhundert, in den weiten Talkessel von Inzell mit seinen Filzen und herrlichen Bergseen sowie ins vielfältige Ruhpolding auch für Gäste der naheliegenden Ferienregionen überaus attraktiv.

Vielfältiges Ruhpolding
Ruhpolding (6.400 Einwohner) hat unter den Wintersport-Begeisterten einen klingenden Namen: Der alljährlich in der dortigen Chiemgau-Arena stattfindende Biathlon-Weltcup zieht viele Zuschauer in seinen Bann. Das Tal, in dem die Sportstätten und auch kilometerlange Langlauf-Loipen liegen, ist aber

auch in den schneefreien Jahreszeiten höchst attraktiv: Vier Seen reihen sich in der Weitsee-Region, die den Spitznamen „Klein-Kanada" trägt, hintereinander und laden zu schönen Spaziergängen und zum Baden ein. Doch damit ist nur eine der vielfältigen Wanderoptionen rund um Ruhpolding erwähnt: Zahlreiche, in herrlichen Senken oder Kesseln gelegene Almen laden zu einem Besuch ein, gleich drei Berggipfel lassen sich mittels Bergbahnen ohne übermäßige Anstrengung erobern. Aufgrund der weitläufig entfernten Lage der Ortsteile ergeben sich schöne, naturnahe Rundtouren entlang der Flusstäler, bei denen auch einige Kulturschätze zu bewundern sind – beispielsweise der Bergfriedhof oberhalb der weithin sichtbaren Pfarrkirche St. Georg, wo die Toten zwar in der Erde bestattet, aber dem Himmel anvertraut wurden.

Geprägt vom Salz:
Bad Reichenhall

Das Reichenhaller Becken liegt zwischen den östlichen Ausläufern der Chiemgauer Alpen und den nördlichen Gebirgsstöcken der Berchtesgadener Alpen: Das weite Becken mit seinen ausgedehnten Hochterrassen ermöglicht viele aussichtsreiche Spaziergänge, in die sich zum Teil auch kulturelle Höhepunkte wie Burgen, mittelalterliche Kirchen, die denkmalgeschützte Saline und imposante Kurgebäude einbinden lassen. Denn Bad Reichenhall (19.500 Einwohner)

florierte bereits im frühen Mittelalter aufgrund seiner Solequellen, auf denen auch der Aufstieg als Kurstadt im 19. Jahrhundert basierte. Da für den Transport der Sole, des salzhaltigen Wassers, nahezu eben verlaufende Soleleitungen angelegt wurden, bieten sich bis heute diese Soleleitungswege für entspannte Spaziergänge an.

Die Gmain, ein verbandeltes Siedlungsgebiet

Im Reichenhaller Becken liegt auch die Gemeinde Bayerisch Gmain (3.000 Einwohner), deren „Wanderzentrum Bergkurgarten" ein beliebter Ausgangspunkt für kleinere, aber auch für etwas mehr herausfordernde Touren ist. Von hier aus lassen sich drei nicht allzu anstrengende Gipfeltouren ins Lattengebirge unternehmen, die mit einem Blick über den gesamten Talkessel belohnen. Obwohl bereits in Österreich gelegen, gehört auch Großgmain zu den Regionen, durch die Wanderrouten dieses Buches führen. Denn wie der Name bereits erahnen lässt, ist diese Grenzgemeinde nicht nur geschichtlich, sondern auch örtlich mit Bayerisch Gmain eng verbandelt und bietet einige interessante Höhepunkte, wozu auch ein Freilichtmuseum mit über hundert hier wieder aufgebauten, alten bäuerlichen Anwesen aus dem Salzburger Land gehört.

Sonniger Talkessel: Inzell

Inzell (5.800 Einwohner) liegt in einem wunderbar weiten Tal-

kessel und ist teils umrahmt von schroffen Felstürmen und teils von waldigen Rücken. Somit sind alle Touren und Spaziergänge von abwechslungsreichen Ausblicken gekrönt. Direkt am Ort lädt ein Moor mit seinem Erlebnispfad zu interessanten Entdeckungen ein, zwei Touren führen zu malerischen Bergseen und mehrere Almen bieten sich als lohnendes Ziel für Wanderungen an. Wer sich für Eisschnelllauf interessiert, für den ist Inzell ohnehin ein Begriff: Bereits 1960 fanden am dortigen Frillensee Deutsche Meisterschaften statt, heute ist die Max-Aicher-Eisarena eine hochmoderne Austragungsstätte für Wettkämpfe. Der ortsansässige Eishockey-Verein trägt den Frillensee immer noch in seinem Namen.

Entlang des Weißbachs

In Inzell entspringt der Weißbach aus einem Quelltopf, der ein Naturphänomen darstellt, das diesem Wanderbuch gleich zweimal einen Abstecher wert ist. Da der Weißbach zudem mit insgesamt 20 Meter hohen Kaskaden-Wasserfällen beeindruckt und im weiteren Verlauf eine gleichnamige Schlucht geformt hat, verlaufen mehrere Wanderungen entlang dieses Baches, der bald nach seiner Quelle das Gemeindegebiet von Inzell verlässt, durch die Orte Weißbach und Schneizlreuth (beide Gemeinde Schneizlreuth; 1.300 Einwohner) fließt und in die Saalach mündet.

Am Rande des Alpen-Nationalparks

Neben dem Königssee trägt vor allem der Watzmann, der mit 2.713 Metern zweithöchste Berg Deutschlands, zur Bekanntheit der Berchtesgadener Urlaubsregion bei. Attraktiv ist natürlich auch Deutschlands einziger Alpen-Nationalpark mit seinen gut gepflegten Wanderwegen, interessanten Informationsstellen und dem „Haus der Berge". Der Ortskern von **Berchtesgaden** (8.000 Einwohner) liegt auf einer Anhöhe und ist umgeben von mehreren kleinen Bergrücken, wodurch sich vielzählige Spaziergänge und leichte Gipfelwanderungen ergeben, die allesamt mit phantastischer Aussicht gekrönt werden.

Richtung Königssee erstreckt sich in einem weiten Tal die Gemeinde **Schönau am Königssee** (5.500 Einwohner): Die „schöne Au" war in früheren Jahrhunderten von landwirtschaftlichen Anwesen geprägt, die von den Berchtesgadener Herren verliehen wurden. Daran erinnern noch heute das Wort „Lehen" in vielen Hausnamen und die weiten Wiesen, durch die schöne Wanderwege führen. Von der Seelände am Königssee aus bieten sich nicht nur die Bootsfahrten, sondern auch mehrere, nicht allzu anstrengende Touren auf Almen und kleinere Berggipfel an.

Drei weitere Gemeinden zählen zum Berchtesgadener Talkessel: **Bischofswiesen** (7.500 Einwohner) kann mit schönen Wanderwegen am Fuße der Bergrücken und zwei schönen Aussichtspunkten mit Gasthäusern aufwarten. **Marktschellenberg** (1.800 Einwohner) lockt mit einer aufregenden Klamm und mehreren schönen Hochplateaus. Das Bergsteigerdorf **Ramsau** (1.800 Einwohner) ist neben Schönau am Königssee das zweite Einfalls-tor in den Alpen-Nationalpark, entsprechend vielfältig sind die Touren, die von dort aus starten und ganz besondere Höhepunkte zum Ziel haben.

Rundtouren auf abwechslungsreichen Wegen

Wann immer sinnvoll sind die Wanderungen und Spaziergänge als Rundtouren angelegt und verlaufen stets auf schönen, möglichst nicht so stark frequentierten Wanderwegen und Pfaden. Ihre jahrelange Ortskenntnis zeichnet die Autorin dieses Wanderführers aus: Sie ist stets auf der Suche nach den besonders beeindruckenden Ecken in der Natur und vermag diese in ihren Rundtouren kreativ zu kombinieren. Ein weiterer Pluspunkt: Die Beschreibungen sind stets ganz genau recherchiert und sorgfältig geschrieben.

Sorgfältig recherchierte Angaben

Alle Tourenbeschreibungen beginnen mit genauen Angaben zu Parkplätzen und Bushaltestellen. Die hier aufgeführten Gehzeiten entsprechen den Angaben auf den offiziellen Wanderschildern und werden nach einem einheitlichen Schlüssel berechnet, der Strecke und Höhenunterschiede berücksichtigt.

Detaillierte Kartenskizzen erleichtern die Orientierung: Die Hauptroute ist jeweils in Rot gekennzeichnet, die vielfach angebotenen Varianten erscheinen in violetter Farbe.

Farbeinteilung
für die schnelle Orientierung

Durch die Farbeinteilung können die Leser sehr schnell erfassen, wie anspruchsvoll die einzelnen Touren sind, und können die ihren Fertigkeiten entsprechenden Touren auswählen. Der Wanderführer nutzt bewusst die übliche Farb-Charakterisierung Gelb – Blau – Rot, die sich auch auf den Wanderschildern wiederfindet.

In Gelb sind die Spaziergänge gekennzeichnet, die keine längeren Steigungen oder kritische Stellen enthalten. Sie können durchaus auch bei schlechtem Wetter begangen werden.

Mit Blau kennzeichnet man nicht allzu steile, kaum ausgesetzte Wege. Die Touren erfordern kaum Bergerfahrung, bedürfen aber aufgrund ihrer Länge teilweise einer guten Kondition.

Mit Rot gekennzeichnete Touren enthalten teilweise steile Pfade und kurze ausgesetzte Abschnitte. An manchen Stellen sorgen Drahtseile für Sicherheit. Bei roten Touren müssen die Wanderer jedoch keine Stellen meistern, bei denen man die Hände zum Klettern bräuchte. Wanderer, die sich für solche Touren entscheiden, sollten mit Wegen in den Bergen vertraut sein. (Die offizielle Kennzeichnung nutzt auch noch Schwarz für Touren, die erfahrenen Bergsteigern vorbehalten sind. Doch beschreibt dieser Wanderführer bewusst keine schwarzen Touren.)

Stellen die vorgeschlagenen Varianten andere Anforderungen als die Hauptrouten, ist dies durch eine andere Farbgebung im Text (bei dem Wort „Variante") erkennbar.

Schnell zu erfassende Symbole geben an, welche Touren mit Kindern interessant oder gar mit Kinderwagen gangbar sind. Zudem lässt sich leicht erkennen, welche Runden auch im Winter gut zu machen sind – denn zu allen Jahreszeiten lohnt es sich, in dieser schönen Region unterwegs zu sein. Da zu jeder Wanderung auch die verdiente Rast gehört, enthalten die Beschreibungen selbstverständlich auch sämtliche Einkehrmöglichkeiten, die sich bei den Touren anbieten.

GPX-Daten
kostenlos erhältlich

Der Verlag offeriert als zusätzlichen Bonus, dass sämtliche GPX-Daten kostenlos erhältlich sind. Die Anleitung hierfür finden Sie auf Seite 157 des Wanderführers. Die GPX-Daten – und auch die Kartenskizzen – haben Autorin und Verlag auf der Basis von offiziellem Kartematerial nach bestem Wissen und Gewissen erstellt. Dennoch kann es vorkommen, dass die Wiedergabe durch GPS-Geräte nicht in allen Fällen einwandfrei funktioniert. Daher bittet der Verlag die Nutzer, stets Vorsicht walten zu lassen, das eigene Orientierungsvermögen nicht zu ignorieren und nicht abseits markierter Pfade ins Gelände zu gehen.

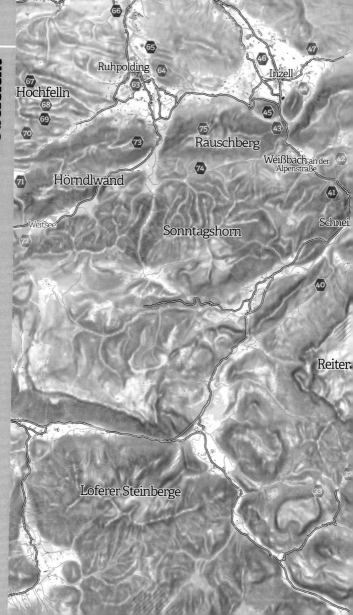

hstaufen

Bad Reichenhall

Saalachsee

Lattengebirge

Bischofswiesen

Untersberg

Marktschellenberg

Maria Gern

Berchtesgaden

Oberau

Schönau am Königssee

Hoher Göll

Hintersee

Ramsau

Hochkalter

Watzmann

Königssee

Hagengebirge

Obersee

Steinernes Meer

Königssee-Halbinsel mit St. Bartholomä

Die Wallfahrtskirche St. Bartholomä mit ihren roten Zwiebeltürmen direkt am Ufer des Königssees stellt eines der beliebtesten Fotomotive im Alpen-Nationalpark Berchtesgaden dar. Zumal sich dahinter die über 2.000 Meter hohe Ostwand des Watzmanns auftürmt, die längste durchgehende Wand der Ostalpen. Auch wenn sehr viele Ausflügler mittels der Königssee-Schifffahrt zur Halbinsel Hirschau mit der Wallfahrtskirche St. Bartholomä fahren, finden sich selbst dort stille Ecken und interessante Naturphänomene.

📍 Parkplatz und Bushaltestelle Königssee, Überfahrt mit den Elektrobooten der Königssee-Schifffahrt

🕐 3 Stunden: St. Bartholomä-Rundweg 30 Min., zum Eisbach 20 Min., zur Eiskapelle 1 Std., Rückweg 1 Std.

Zunächst gehen wir zur Wallfahrtskirche St. Bartholomä und dann hinter der Kirche am See entlang. Vor allem im Sommer tummeln sich an diesem Ufer viele Touristen und manche nutzen den See sogar für ein erfrischendes Bad. Sobald wir jedoch nach etwa 10 Minuten der Ausschilderung des St. Bartholomä-Rundwegs nach links gefolgt sind und den Uferweg verlassen haben, wird es schon deutlich ruhiger und wir können uns den interessanten Informationstafeln widmen.

Wir gehen entlang eines überwiegend schattigen Waldweges

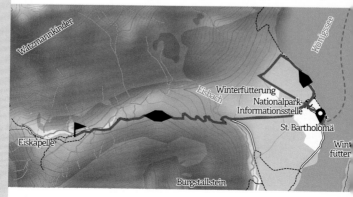

und wenden uns nach 10 Minuten erneut nach links. Bei der Nationalpark-Informationsstelle, die einen Besuch auf jeden Fall lohnt, zweigen wir nach rechts ab Richtung Eisbach und Eiskapelle. Sobald wir den Eisbach, an dessen Ufer die Kapelle St. Johann und Paul steht, erreicht haben, wird unsere Wanderung etwas anstrengender. Wir steigen gut 200 Höhenmeter – zunächst mittels steiler Kurven, dann wieder flacher, aber zuletzt durch Geröll – zur Eiskapelle hinauf.

An der Nationalpark-Informationsstelle

Die Eiskapelle ist ein bis zu 15 Meter hohes Tor in dem Schneefeld am Fuße der Watzmann-Ostwand, das sich im Sommer durch das ablaufende Niederschlagswasser und den kaminartigen Luftzug bildet und ständig seine Form verändert. Keineswegs sollte man sich in die Eiskapelle stellen, es besteht Lebensgefahr, da immer wieder Eismassen von der Decke abbrechen! Der Rückweg erfolgt bis zur Nationalpark-Informationsstelle auf dem gleichen Weg.

Kapelle St. Johann und Paul

Tipp

Im Hochsommer erreicht der Königssee durchaus angenehme, wenn auch immer noch erfrischende Badetemperaturen. Die schönste – und auch

 7,4 km    300 Hm

  nur Bartholomä-Rundweg

 Wallfahrtskirche St. Bartholomä    Historische Gaststätte St. Bartholomä

recht ruhige – Badestelle auf der Halbinsel ist das Schuttdelta, das der Eisbach an das Ufer des Sees transportiert hat. Dies kann man auf einem wunderbar einsamen Pfad erreichen, wenn man auf dem Rückweg kurz nach der Brücke über den Eisbach den (nicht ausgeschildertenl) breiten Sandweg nach rechts nimmt. Dieser verschmälert sich bald und verläuft als kleiner Pfad am linken Ufer des Eisbaches bzw. des Schuttfeldes, unter dem der Eisbach in den Sommermonaten unterirdisch in den See mündet. Kurz vor dem Seeufer kreuzen wir den Wanderweg, der von der Saugasse nach St. Bartholomä führt und erreichen ein stellenweise sogar sandiges Ufer, das einen angenehmen Einstieg in den See ermöglicht.

Zurück zur Schiffanlegestelle gelangen wir dann in zehn Minuten auf dem offiziellen flachen Wanderweg, den wir zuvor gekreuzt haben.

Im Winter lohnt sich die Überfahrt nach St. Bartholomä ebenfalls – selbst wenn der Nebel in der Früh manchmal hartnäckig über dem See hängt. Sowohl unweit der (in den Wintermonaten geschlossenen) Nationalpark-Informationsstelle als auch am Seeufer, das die Halbinsel gegenüberliegt, sind an Futterkrippen prächtige Hirsche und sonstiges Rotwild zu beobachten.

Eiskapelle

KÖNIGSSEE

Obersee & Fischunkelalm

Der Obersee, der kleine See hinter dem Königssee, ist überhaupt nur in den Sommermonaten zu erreichen – außer der Königssee friert zu, was aber nur alle Jubeljahre passiert. Im Sommer fährt die Königssee-Schifffahrt bis Salet, einem Almgelände zwischen den beiden Seen. Hinter dem Obersee liegen mit der Fischunkelalm eine weitere Sommerweide für Kühe und auch der mit 470 Metern höchste Wasserfall Deutschlands, der Röthbachfall.

📍 Parkplatz und Bushaltestelle Königssee, Überfahrt mit den Elektrobooten der Königssee-Schifffahrt zur Anlegestelle Salet

🕐 3 Stunden: zum Obersee ¼ Std., Fischunkelalm ¾ Std., Röthbachfall ½ Std., Rückweg 1 ½ Std.

Vom Bootssteg aus gehen wir nach rechts, passieren die Gaststätte Saletalm und gelangen zum vorderen Ufer des Obersees.

Rechts am See entlang führt

Fischunkelalm am Obersee

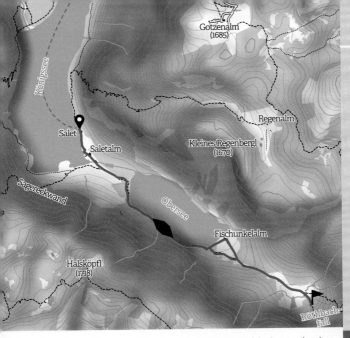

ein Weg, der zwischenzeitig etwas steiler oberhalb des Sees verläuft und auch Vorsicht verlangt, vor allem wenn die Steintreppen nass sind. Wieder am Seeufer angelangt, gelangen wir zur Fischunkelalm, wenn wir uns links halten.

Geradeaus führt der Weg in einen Talkessel, umrahmt von steilen Wänden. Halbrechts stürzt der Röthbachfall 470 Meter in die Tiefe. Ein (unbezeichneter) Weg führt recht nah an den Wasserfall heran. Zurück nehmen wir den glei-

chen Weg und haben – in den Alm-Weidemonaten – die Qual der Wahl, wo wir einkehren möchten: Die Fischunkelalm offeriert almtypische Speisen, aber auch die Holzkaser der Saletalm, zu der wir gelangen, wenn wir uns bei der Rückkehr links halten, bevor wir das letzte Stück zum Bootssteg zurück gehen (Ausschilderung Kärlinger Haus über Sagereckersteig), lädt zum Verweilen in ruhiger Atmosphäre ein. Als dritte Option bietet sich die Gaststätte Saletalm an.

 8,0 km   304 Hm

 Gaststätte Saletalm, Fischunkelalm, Almkaser Salet

Malerwinkl am Königssee & Rabenwand

Die reizvollste Art, sich dem Königssee anzunähern: Während des Malerwinkl-Rundwegs eröffnen sich zahlreiche Blicke auf den See und die Halbinsel mit der malerischen Kirche St. Bartholomä. Die Rabenwand mit ihren aussichtsreichen Sitzbänken erreicht man über einen kleinen Abstecher.

📍 Parkplatz und Bushaltestelle Königssee

🕐 1 ¾ Stunden: Malerwinkl-Rundweg über Jennerbahn-Talstation bis zur Abzweigung Rabenwand 30 Min., Abstecher zur Rabenwand hin und zurück 30 Min., über Malerwinkl zum Königssee 40 Min.

Blick von der Rabenwand

Am Parkplatz halten wir uns aufwärts Richtung Jennerbahn-Talstation und folgen dann der Jennerbahnstraße noch 250 Meter nach oben. Dort zweigt rechts der ausge-

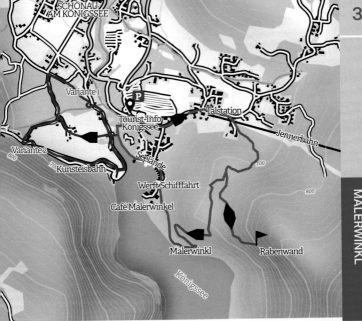

schilderte Malerwinkl-Rundweg ab. Nach etwa einem Kilometer können wir links zur Rabenwand aufsteigen: Da dieser Pfad deutlich weniger frequentiert ist als der Rundweg selbst, lohnt sich der Abstecher auf jeden Fall, zumal wir nur 15 Minuten brauchen, bis wir an den schönen Sitzbänken angekommen sind. Und den Blick über den malerischen, fjordartigen Königssee mit seiner Bergumrahmung ermöglicht nur dieser Aussichtspunkt in dieser beeindruckenden Bandbreite.

Nachdem wir auf den Rundweg zurückgekehrt sind, gehen wir abwärts und können noch mehrmals Ausblicke auf den See gewinnen, beim sogenannten Malerwinkl dann auch ohne störende Bäume.

Diesen Ort haben die Landschaftsmaler im 19. Jahrhundert für sich entdeckt, um die berühmte Ansicht vom See mit den barocken Zwiebeltürmen von St. Bartholomä auf ihren Gemälden einzufangen. Ein Motiv, das sich später millionenfach in Postkarten, Kalendern

 7,3 km    392 Hm

    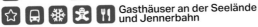 Gasthäuser an der Seelände und Jennerbahn

und Puzzles wiederfand. Vom Malerwinkl führt der Weg kurz aufwärts, wo sich am höchsten Punkt ein Abstecher zum Café Malerwinkel anbietet, und dann abwärts zur Seelände. Dabei gehen wir hinter den Bootshäusern entlang, in denen die Elektroboote nachts aufgeladen werden.

Als Rückweg bietet sich der Weg entlang des Seeufers zur Seeklause an, einem Wehr, das das Seewasser dosiert in die Königsseer Ache abfließen lässt. Der Weg diesseits am Wehr vorbei führt dann wieder zum Parkplatz zurück.

Variante 1

Wer die Runde noch etwas ausweiten möchte, kann das Wehr bei der Seeklause auch überqueren, dann auf der anderen Seite der kleinen Straße Richtung Grünstein durch die Wiesen aufsteigen, dann ein Stück rechts durch den Wald und rechts auf der Sandstraße wieder abwärts. Der bald rechts abzweigende Wanderweg führt zu der kleinen Straße hinab, der wir nach rechts folgen müssen, um wieder zum Wehr zu gelangen (zusätzliche Gehzeit: 30 Min.).

Variante 2

Vor allem in den Herbst- und Wintermonaten lohnt es sich, die Schleife noch etwas auszuweiten und einen Blick auf die trainierenden Rodler und Bobfahrer in der Kunsteisbahn zu werfen. Dazu gehen wir nach dem Wehr links zu der Kunsteisbahn und an dieser entlang nach oben. Der rechts abzweigende Weg führt uns zu einer Weggabelung, wo wir geradeaus (halblinks) weitergehen. Nach dem Waldstück geht es rechts auf der Sandstraße bergab, wo dann ein rechts abzweigender Wanderweg wieder Richtung See zurückführt.

Am Malerwinkl

Kührointalm & Archenkanzel

Die Lage der Kührointalm entschädigt allemal für den langen Anstieg: Auf der einen Seite der phantastische Blick hinüber zum Watzmann und seiner Frau, auf der anderen Seite der Blick ins Steinerne Meer. Dass gleich mehrere Almhütten zur Rast einladen und die nahe gelegene Archenkanzel mit einem einmaligen Tiefblick auf den Königssee aufwartet, rundet die Tour perfekt ab.

📍 Hinterschönau, Parkplatz Hammerstiel, Bushaltestelle Kramerlehen, von dort zusätzlich 100 Höhenmeter (ca. 30 Min.)

🕐 6 Stunden: zur Schapbachalm 1 ¼ Std., zur Kührointalm 1 ½ Std., zur Archenkanzel 1 Std. (hin und zurück), zur Grünsteinhütte 1 Std., Abstieg nach Hammerstiel 1 ¼ Std.

St. Bernhard Kapelle auf Kühroint

Unser Weg führt geradeaus weiter, wo die kleine Zufahrtstraße nach einer Schranke in einen Sandweg übergeht. Dieser bringt uns in etwa einer Stunde zu einer Wegkreuzung, wo wir uns links halten und die breite Fahrstraße an der (bewirtschafteten) Schapbachalm vorbei aufwärts nehmen. Bald bietet sich links ein ausgeschilderter schmälerer Weg als Abkürzer an, der oben wieder in die Fahrstraße mündet. Dort gehen wir kurz links und zweigen dann nach rechts in einen Steig ab, der uns direkt ins Almgelände auf 1.420 Meter Höhe

Blick von der Archenkanzel auf St. Bartholomä

hinaufbringt. Links liegt die Kührointalm, eine gemütlich ausstaffierte Hütte, aber auch ein Almkaser daneben, der Bartler Kaser, bieten Kuchen und Brotzeiten an. Ebenfalls befindet sich auf dem Almgelände die St. Bernhard-Kapelle, in der die Besucher der verunglückten Bergsteiger der Region gedenken.

Nach der Rast – mit Ausblick auf den alles überthronenden Watzmann – lassen wir uns den Abstecher zur Archenkanzel nicht entgehen, auch wenn wir dorthin ein Stück absteigen müssen, was bedeutet, dass es beim Rückweg nochmals aufwärts geht. Doch der Tiefblick auf den Königssee mit seiner Halb-

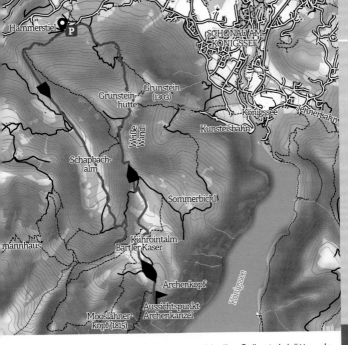

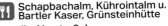

insel und der Wallfahrtskirche St. Bartholomä entschädigt für diese Mühen. Wenn wir ab der Kührointalm nicht den gleichen Weg zurückgehen wollen, wählen wir den abwechslungsreichen Weg über die Grünsteinhütte, der etwa gleich lang dauert. Dazu gehen wir in die vom Watzmann abgewandte Richtung zur Almstraße und ignorieren die baldige Abzweigung Richtung Königssee.

Nach einer guten Viertelstunde geht es dann rechts ab, dort ist sowohl die Grünsteinhütte als auch unser finales Ziel Schönau-Hammerstiel ausgeschildert.

Ein schöner Pfad, der regelrecht wohltuend wirkt nach den vielen Passagen auf den sandigen Straßen, bringt uns oberhalb der Weißen Wand entlang zur Grünsteinhütte. Von dort führt eine Sandstraße, die man aber mittels abkürzender Steige teilweise meiden kann, hinab nach Hammerstiel.

 13,2 km   816 Hm   ‖¶ Schapbachalm, Kührointalm u. Bartler Kaser, Grünsteinhütte

 ❄ im Winter begehbar (nur die Almstraße), oft auch als Rodelbahn genutzt

Grünstein, 1.303 m

Als dem Watzmann vorgelagerter, 1.303 Meter hoher Gipfel bietet der Grünstein zwei prägnante Ausblicke: zum einen den unmittelbaren Blick Richtung Watzmann mit seiner Frau und den Kindern und zum zweiten den weiten Talblick über Schönau und Berchtesgaden hinweg. Demzufolge werden die Wanderer oben für den steilen und manchmal etwas mühsamen Anstieg mehr als entschädigt.

📍 Parkplatz Hammerstiel, Bushaltestelle Kramerlehen (Oberschönau), von dort zusätzlicher halbstündiger Anstieg übers Hochödlehen (Einstieg von der Grünsteinstraße in den Bergquellweg; ausgeschildert)

🕐 3 ½ Stunden: 1 ¾ Std. bis zur Grünsteinhütte, 20 Min. zum Gipfel, Abstieg nach Hammerstiel 1 ½ Std.

Vom Parkplatz aus gehen wir ein kleines Stück zurück und biegen dann rechts in den ausgeschilderten Weg Richtung Grünsteinhütte ab. Nach einer guten Viertelstunde können wir den Wirtschaftsweg verlassen und links auf einen (ausgeschilderten) Waldweg ausweichen. Das letzte Wegstück bis zur Grünsteinhütte legen wir dann auf der relativ steilen Fahrstraße zurück, die auch der Hüttenwirt als Zufahrt nutzt. Von der Grünsteinhütte benötigen wir noch etwa 20 Minuten zum Gipfel (1.303 m) und können die phantastische Aussicht auf einer der vielen Bänke genießen. Der Abstieg erfolgt auf dem gleichen Weg. Auch der Rückweg zum Kramerlehen (Bushaltestelle) ist gut ausgeschildert.

Hinweis

Der beliebte Anstieg vom Königssee auf den Grünstein wurde beim Unwetter im Juli 2021 stark beschädigt. Als dieses Buch gedruckt

Watzmann mit Grünstein-Gipfelkreuz

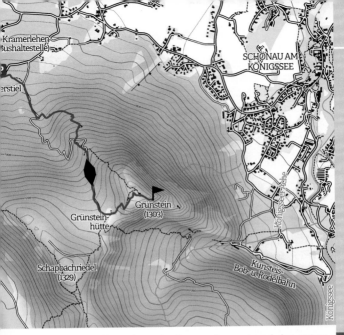

wurde, war nicht klar, ob und wann diese Wanderwege wieder hergerichtet werden. Daher stellen wir hier den Anstieg ab Hammerstiel vor. Sollte der Weg ab Königssee aber inzwischen begehbar sein, empfiehlt es sich, diesen Anstieg zu wählen: Er ist eine Dreiviertelstunde länger und beginnt direkt gegenüber dem Wehr des Königssees. Ein Sandweg führt durch die Wiesen hinauf zu einigen Bauernhöfen und dann entsprechend der guten Ausschilderung im Bogen an den Hang des Berges heran. Beim Abstieg kann man im unteren Bereich rechts Richtung Rodelbahn hinabsteigen und diese bei der Gelegenheit noch besichtigen. Sogar eine Runde ist denkbar, dann muss man jedoch am Fuße des Grünsteins entlang etwa vier Kilometer – ganz überwiegend entlang von (wenig befahrenen) Straßen – zurückgehen.

 5,4 km   658 Hm  Grünsteinhütte

 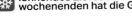 für (größere) Kinder geeignet

❄ lohnendes Ziel auch im Winter (an den Adventswochenenden hat die Grünsteinhütte meist geöffnet)

Königsseer Achenweg

Wer von Berchtesgaden zum Königssee wandert, kann sich fast ausschließlich auf schönen Wegen abseits der Straßen bewegen und kommt dem quirligen Fluss immer wieder sehr nahe. Interessante Informationstafeln erhöhen die Attraktivität dieses Wanderwegs, der 2016 als schönster Wanderweg Deutschlands ausgezeichnet wurde.

📍 Berchtesgaden, Parkplatz Salinenplatz, Bahn- und Bushaltestelle Berchtesgaden Bahnhof

🕐 3 ¼ Stunden: Über Königsseer Fußweg zum Königssee 1 ½ Std., Rückweg teilweise über alternative Strecken auf der anderen Flussseite 1 ¾ Std.

Vom Parkplatz aus halten wir auf den Bahnhof zu, finden am Ende des Parkplatzes links eine kleine Treppe und unterqueren die Gleise mittels der Bahnhofsunterführung.

Dann gehen wir durch das Bahnhofsgebäude oder links daran vorbei und überqueren die Bushaltebuchten und dann im Kreisverkehr die nächsten beiden Straßen gegen den Uhrzeigersinn. Gleich unterhalb der abzweigenden Oberschönauer Straße beginnt ein Fußweg, der nach einem kurzen Straßenstück vor einer Gärtnerei in einen breiten Sandweg übergeht. Dieser Weg führt gut ausgeschildert Richtung Königssee und überquert zwischendurch zwei Straßen.

Eine Reihe von interessanten Informationstafeln, aber auch schöne Blicke in die Flusslandschaft und hinüber zu den umliegenden Bergen bieten viel Abwechslung. Bei der dritten

Blick hinauf zum Hohen Göll, Hohen Brett und Jenner

etwas ruhigeren Uferstück, dem nett gelegenen Lokal Echo-stüberl und der Bob- und Rodelbahn machen können. Sonst gehen wir gleich rechts nach dem Wehr die kleine Straße entlang, die uns zu einer größeren Straße bringt, die wir überqueren und ein kurzes Stück rechts gehen, um dann nach der Brücke über eine Treppe wieder zum Königsseer Fußweg zu gelangen. Wir nehmen jetzt den gleichen Weg unterhalb des Campingplatzes wie beim Hinweg, bis wir zur nächsten Straßenkreuzung bei einer weiteren Brücke, der Schornbrücke, gelangen.

Hier gehen wir über die Brücke und nehmen dann auf der anderen Seite, also am linken Flussufer, einen Fuß- und Radweg auf. Wenn wir uns nach etwa 300 Metern bei der Weggabelung wie ausgeschildert links halten, gelangen wir über eine kleine Zufahrtsstraße zur Untersteiner Straße, der wir etwa 200 Meter nach rechts folgen. Dort zweigt rechts ein Sandweg ab, der uns am Ufer der Königsseer Ache entlang zur Schwöbbrücke (beim Hinweg unsere erste Straßenkreuzung nach Aufnahme des Königsseer Fußwegs) führt.

Für das letzte Stück nehmen wir den gleichen Weg zurück bis zum Berchtesgadener Bahnhof.

Straße (kurz nach dem Campingplatz) nutzen wir die Unterführung und gelangen so an den Rand des Königssee-Parkplatzes. Den größten Rummel können wir umgehen, indem wir nach dem Hotel Königsseer Hof rechts in den Sandweg abzweigen und an dem Wehr, das den Abfluss der Ache aus dem Königssee reguliert, vorbeigehen und so zur Seelände und ihren Lokalen gelangen.

Für den Rückweg gehen wir über das Wehr, wo wir eventuell links noch einen Abstecher zum

 11,1 km   138 Hm    gleicher Rückweg wie Hinweg

 Wege geräumt   Café Waldstein, Achenstüberl, Gasthäuser am Königssee

Priesbergalm, 1.460 m

*Komplett ungestörter Blick auf die gesamte Watzmann-Ost-
wand und ins westliche Steinere Meer – kaum eine Alm kann
mit so einer gigantischen Aussicht aufwarten und ist gleichzeitig recht leicht zu erreichen: Bei der Priesbergalm können
die Wanderer es sich gut gehen lassen und beobachten,
wie der Senner die Milch der eigenen Kühe aus einer Kanne
schöpft, die im Brunnen kühl gestellt ist.*

📍 Schönau am Königssee, Parkplatz und Bushaltestelle Hinterbrand

🕐 3 ¼ Stunden: Zur Kreuzung oberhalb der Königsbachalm
(Steinernes Bankerl) 1 Std., zur Priesbergalm 45 Min., Rückweg 1 ½ Std.

Wir nehmen den Fußweg, der am südlichen Ende des Parkplatzes aufwärts führt. Dieser bringt uns, anfangs in leichtem Auf und Ab, zur Mittelstation der Jennerbahn.

Wir gehen geradeaus weiter und können bald die ersten Ausblicke auf die mächtige Watzmann-Ostwand, die längste durchgehende Felswand der Ostalpen, genießen. Dort, wo

Blick vom Königsweg zum Watzmann

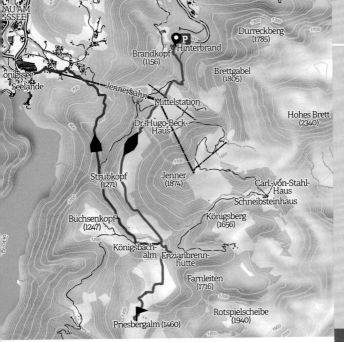

unser Weg – Königsweg genannt – in eine Senke hinabführt, halten wir Ausschau, ob wir auf den vielen Felsblöcken unterhalb Murmeltiere entdecken können. Die Kreuzung, die wir erreichen, wird von den Einheimischen nur „Steinernes Bankerl" genannt – entsprechend der Sitzgelegenheit, die sich rechts vom Weg auftut. Jetzt folgt ein wirklich anstrengendes, aber nicht allzu langes Stück der Wanderung: Steil führt die sandige Straße hi-

nauf zur nächsten Kreuzung, wo wir weiter geradeaus Richtung Priesbergalm gehen.

 11 km 506 Hm

 Priesbergalm – zwei Almhütten, Dr. Hugo-Beck-Haus etwas oberhalb der Jenner-Mittelstation, Jenner-Mittelstation, Königsbachalm (kleiner Abstecher vom Steinernen Bankerl)

Priesbergalm mit Blick auf die mächtige Watzmann-Ostwand

PRIESBERGALM

Der nun wieder angenehmere Weg führt uns an einer Enzianbrennhütte vorbei: Aus den Wurzeln des Gelben oder Pannonischen Enzians wird dort in manchen Sommerwochen der gleichnamige Schnaps hergestellt.

Dann gehen wir am Priesberger Moos vorbei, wo im Frühsommer die Knabenkräuter und andere Moorpflanzen das Auge erfreuen. Nach dem letzten Anstieg kommen wir zu der Almfläche auf 1.460 Metern Höhe, wo uns rechts die Hütte mit der gigantischen Aussicht erwartet. Zurück nehmen wir den gleichen Weg.

Tipp

Wer nach den Almhütten den Weg noch für einige hundert Meter weiter geht, durchquert Wiesen, in denen Pflanzen in einer ungewöhnlichen Vielfalt den ganzen Sommer über blühen.

Variante

Wer mit öffentlichen Verkehrsmitteln nach Hinterbrand gefahren ist, kann alternativ über den Hochbahnweg zum Königssee absteigen (beim Steinernen Bankerl nach links an der Königsbachalm vorbei; dauert etwa eine Stunde länger als der Weg zurück nach Hinterbrand).

Frische Milch, gekühlt im Wassertrog

Jenner, 1.874 m

Dank der Jennerbahn können wir diese Runde bereits in der Höhe starten und einen phantastischen Tiefblick auf den Königssee genießen. Als Ziel unserer Tour bieten sich zwei bewirtschaftete Berghütten an, da haben die Wanderer dann die Qual der Wahl.

📍 Parkplatz und Bushaltestelle Königssee, Fahrt mit der Jennerbahn zur Bergstation

🕐 2 ¼ oder 2 ½ Stunden (je nach Wahl der Hütte): 15 Min. auf den Jennergipfel, Abstieg bis kurz vor die Bergstation 10 Min., zur Königsbergalm 30 Min., zum Schneibsteinhaus 30 Min. oder alternativ zum Stahlhaus 45 Min., zurück zur Jenner-Bergstation 45 Min.

Zunächst halten wir uns Richtung Jennergipfel, vor allem wenn wir eine frühe Bahn genommen haben – sonst müssen wir das Gipfelerlebnis mit sehr vielen Touristen teilen. Der Weg dorthin ist steil, aber ohne Schwierigkeiten und lohnt sich auf jeden Fall, da der Gipfel einen einzigartigen Tiefblick auf

Ausblick vom Jenner-Gipfel auf 1.874 m

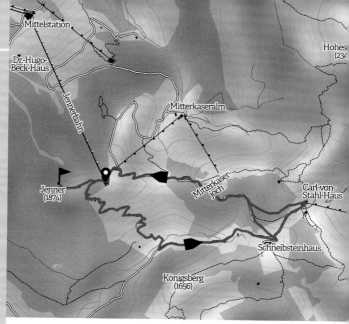

Mittelstation

Dr.-Hugo-
Beck-Haus

Jennerbahn

Hohes
(234

Mitterkaseralm

Jenner
(1874)

Mitterkaser-
joch

Carl-von-
Stahl-Haus

Schneibsteinhaus

Königsberg
(1656)

den Königssee – und auch auf unzählige Berggipfel – ermöglicht.

Beim Abstieg halten wir uns kurz vor der Terrasse des Bergrestaurants nach rechts rückwärts in einen schmalen, sandigen Steig (derzeit unausgeschildert). Über zahlreiche Serpentinen gelangen wir auf das Wiesengelände der Königsbergalm, deren (eher unscheinbare und nicht bewirtschaftete) Almhütte etwas oberhalb liegt. Kurz darauf erreichen wir eine Sandstraße und gehen dort nach links Richtung Schneibsteinhaus und Stahlhaus. Je nach Lust und Laune kehren wir entweder in dem bereits nach einer halben Stunde erreichten Schneibsteinhaus rechts vom Weg oder weiter vorne im Stahlhaus (mit seinem etwas weiteren Fernblick) ein.

Der Rückweg Richtung Jenner ist von beiden Hütten etwa gleichlang und trifft nach einigen Minuten zusammen. Dann

🕐 bis Schneibsteinhaus: 5 km
   bis Carl-von-Stahl-Haus: 5,3 km

↗ bis Schneibsteinhaus: 387 Hm
   bis Carl-von-Stahl-Haus: 404 Hm

🚌 🏃 🍴 Schneibsteinhaus, Stahlhaus,
         „Jenneralm" in der Bergstation

JENNER

führt der Weg zunächst durch einen Graben und letztlich zu einer Scharte. Hier gehen wir kurz abwärts und dann nach links. Teilweise können wir den breiten Weg der Skiabfahrt auf kleinen Pfaden, die sich linkerhand auftuen, umgehen. So erreichen wir das Mitterkaserjoch, wo wir uns geradeaus nach oben zur bereits sichtbaren Jennerbahn-Bergstation halten.

Brandkopf, 1.156 m

Der Brandkopf, ein Aussichtspunkt mit Tiefblick auf den Königssee, lässt sich im Rahmen einer schönen, abwechslungsreichen Runde erobern. Der Anstieg ist recht steil und eng, dafür ist der Rückweg etwas gemütlicher und mit schönen Ausblicken garniert. Das urige Gasthaus Vorderbrand drängt sich nahezu als Zwischenstation auf.

 Parkplatz und Bushaltestelle Königssee

 4 ¼ Stunden: bis zur Abzweigung des Stufenwegs 45 Min., Brandkopf 1 ¾ Std., Abstieg nach Vorderbrand 15 Min., Abstieg zum Parkplatz Königssee 1 ½ Std.

Wir starten am nördlichsten Eck des Parkplatzes oberhalb der Tankstelle, wo meist auch einige Wohnwagen stehen. Dort findet sich eine Lücke zwischen den Zäunen, so dass wir direkt auf den Sieglweg gelangen. Diesem folgen wir nach rechts oben und halten uns an dessen Ende kurz nach rechts. Wir gehen um Bänke und Brunnen herum und unterhalb der Pension Brandtnerhof entlang, um zu einem kleinen sandigen Pfad zu gelangen, der uns quer durch die Wiese führt. Somit stoßen wir auf die Richard-Voss-Straße, der wir nach rechts hinauf bis fast zum höchsten Punkt folgen. Dort weist rechts ein gelbes Schild auf den Stufenweg zum Brandkopf hin. Die kleine

Panoramablick vom Brandkopf

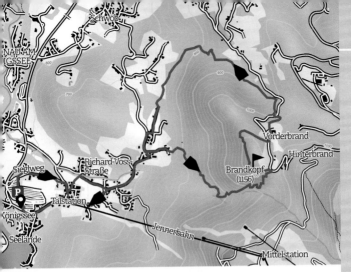

Teerstraße geht bald in einen Sandweg über, der oben immer schmaler und steiler wird und viele Stufen enthält.

Wir gelangen an den Rand einer Wiese, wo der Weg nach links oben verläuft. Innerhalb von einer guten Viertelstunde haben wir den Anstieg auf den 1.156 Meter hohen Brandkopf geschafft. Der Abstieg geht dann in Richtung Vorderbrand, also auf der anderen Seite, hinunter. Wir queren die Straße und gehen Richtung Gasthaus, wo wir auf Schilder treffen, die nach links unten Richtung Königssee weisen. Nachdem wir die Straße noch einmal überquert haben,

bleiben wir immer auf dem Sandweg, alle Abzweigungen nach rechts ignorierend, und gelangen somit an den höchsten Punkt der Richard-Voss-Straße, der wir dann nach links abwärts folgen. Diesmal nehmen wir die Jennerbahnstraße (links abzweigend), die uns an der Talstation vorbei zum Parkplatz zurückführt.

Variante

Ganz schnell erreicht ist der Brandkopf, wenn man beim Gasthaus Vorderbrand startet. Dieser Anstieg eignet sich auch für Kinderwägen, die einigermaßen geländegängig sind.

BRANDKOPF

 8,9 km 562 Hm    ab Gasthaus Vorderbrand

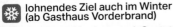 lohnendes Ziel auch im Winter (ab Gasthaus Vorderbrand)

 Gasthaus Vorderbrand, Gaststätten in der Nähe der Jennerbahn-Talstation

Sulzbergkopf & Oberschönauer Wiesen

Die „schöne Au" ist auch heute noch geprägt von weiten Bauernwiesen, die tolle Ausblicke in die umliegenden Berge freigeben. Auf einer Runde, die nahezu ausschließlich Wanderwege und kaum befahrene Sträßchen nutzt, erkunden wir die schönsten Ecken der Oberschönau sowie den Sulzbergkopf.

📍 Oberschönau, Parkplatz gegenüber Gasthof Bodner, Bushaltestelle Bodnerlehen

🕐 2 ¼ Stunden: Schleife entlang des Eiszeiten- und Klimarundwegs bis zum Sulzbergkopf 1 ¼ Std., Rückweg über mehrere Wiesenwege 1 Std.

Der kleine Parkplatz gegenüber dem Gasthaus ist kostenlos zu nutzen und ein idealer Startpunkt für unsere Runde, die teilweise entlang des Eiszeiten- und Klimarundwegs verläuft, so dass wir nebenbei viele interessante Informationstafeln lesen können: Wir überqueren zunächst die Straße und gehen dann rechts neben der Gasthaus-Terrasse auf den sandigen Wanderweg (Ausschilderung: Unterstein Klimarundweg).

Dieser geht wenig später in eine kleine Zufahrtstraße über, an deren Ende wir uns links halten (Kierngaßweg).

Saftige Blumenwiesen im Frühsommer

Bei den letzten Häusern ermöglicht ein Holztor den Übergang auf einen kurzen Wanderweg an einem Teich entlang, in dem im Mai viele gelbe Schwertlilien blühen. Am Ende des Weges gehen wir links in das Sträßchen „Am Köpplberg", das uns nach einem kleinen Abwärtsstück zu einer Kreuzung führt. Hier gehen wir nach links, also wieder aufwärts, und gelangen somit in den Hanauer Weg.

Diese kleine Straße geht über in einen Sandweg, der am Ende auf die Krennstraße stößt. Hier halten wir uns etwas rechts und bleiben dann geradeaus, obwohl die Krennstraße eine scharfe Rechtskurve nimmt.

Wir aber gehen in den Winklweg, bleiben nochmals geradeaus und gehen links am letzten Haus vorbei.

An dessen Rückseite zweigt links ein Weg durch die Wiese ab (Wegweiser Richtung Grabenkapelle und Sulzbergkopf), der einen Graben kreuzt und auf der gegenüberliegenden Seite

 7,9 km   151 Hm   Wege im Winter überwiegend geräumt

 Cafe Hanauerlehen, Cafe Eckerbrunn, Gasthaus Kohlhiasl, Gasthaus Bodner

in den Grabenweg mündet. Wir folgen diesem Sträßchen etwa 100 Meter, um dann links in den Kapellenweg einzubiegen (Ausschilderung Oberschönau Kohlhiasl, nicht Sulzbergkopf!).

Wir gehen an der Grabenkapelle, die immer noch für Maiandachten genutzt wird, vorbei und erreichen oben eine Kreuzung zwischen mehreren Bauernhäusern (Mooslehen). Dort halten wir uns rechts (Moosweg) und zweigen nach etwa 100 Metern rechts in einen Sandweg ein, der an einer über 600 Jahre alten Linde vorbei zu einem Steg durch eine sumpfige Wiese, das Hanottenmoos mit seinen vielen interessanten Blütenpflanzen, führt.

Am Ende des Stegs halten wir uns rechts (Göblweg) und zweigen dann unterhalb des letzten Hauses rechts in den Wiesen-

pfad ab. Dieser Pfad mündet in einer Hauszufahrt, die wir ein kleines Stück hinuntergehen, dann aber scharf nach links rückwärts abbiegen.

Der Sandweg bringt uns zu einer Radiostation auf dem Gipfel des Sulzbergkopfs, der uns leider keine Sicht bietet. Hingegen können wir weite Ausblicke über die Oberschönau genießen, sobald wir nach der Radiostation geradeaus weitergegangen und dann links in einen Weg abgezweigt sind.

Über einige Treppenstufen kommen wir in die Sulzberg-Mittergaß, wo wir nach rechts gehen und bald wieder linkerhand den Steg durch das Hanottenmoos erblicken. Wir halten uns jedoch geradeaus und treffen auf die Oberschönauer Straße, der wir etwa 100 Meter nach links folgen. Dort zweigt, bei einem klei-

Seltene Schwertlilien am Kierngaßweg

nen Platz mit Kreuz, ein Wanderweg ab, der hinab zu einem immer weiter zuwachsenden Weiher und gegenüber wieder hinauf führt.

Wir treffen auf den Hanottenweg und gehen nach links und ignorieren die nächste Abzweigung. In einer Senke, wo rechts oberhalb das Hotel Zechmeisterlehen sichtbar ist, nehmen den Sandweg, der geradeaus in die Wiese führt und wo auch unser finales Ziel Oberschönau (Bodnerlehen) ausgeschildert ist.

Wir gehen in einem Rechtsbogen durch die Wiese und nehmen dann den Weg, der scharf nach links rückwärts abzweigt. Dieser führt wiederum auf die Oberschönauer Straße und wir gehen links Richtung Gasthaus Kohlhiasl, queren dort die Straße, gehen ein Stück durch

den Parkplatz und dann rechts in unseren letzten Wiesenweg. Dieser Bernweg mündet in die Krennstraße, dort gehen wir rechts und an deren Ende dann links zu unserem Parkplatz zurück.

Schautafel am Eiszeiten- und Klimaweg

Scharitzkehl & Ligeretalm

Gut gepflegte Wege und zwei Gaststätten mit toller Aussicht machen den Ligeret-Rundweg zu einem angenehmen Wander-Ausflug. Die Runde führt an der namensgebenden Ligeretalm vorbei, einer netten kleinen Selbstversorgerhütte der Berchtesgadener Alpenvereinssektion mit wunderschönem Ausblick.

📍 Schönau am Königssee, Parkplatz Scharitzkehlalm, Bushaltestelle Scharitzkehl

🕐 2 ½ Stunden: Zur Ligeretalm 1 Std., zum Gasthaus Graflhöhe 45 Min., über den Carl-von-Linde-Weg zurück zur Scharitzkehlalm 45 Min.

Scharitzkehlalm vor dem Hohen Göll

Wir gehen an dem Gasthaus Scharitzkehlalm vorbei und folgen dem breiten Weg, der bald einen großen engen Bogen nach links nimmt. Nach etwa einer Stunde liegt nur wenig unterhalb der inzwischen recht breiten Forststraße die Ligeret-

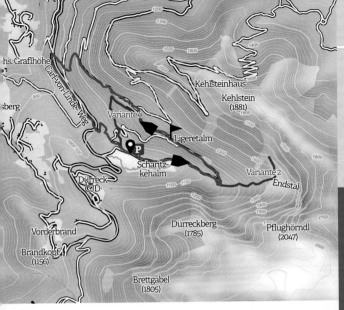

alm, die aufgrund ihrer schönen Lage den kleinen Abstecher wert ist. Auf der anderen Seite der Alm können wir den Pfad nutzen, um dann nach rechts oben wieder auf die Sandstraße zu gelangen.

Wir folgen weiterhin der Ausschilderung des Ligeret-Rundwegs; unser nächstes Ziel ist die Graflhöhe. Dafür müssen wir nach etwa 20 Minuten in einen Pfad abzweigen, der nach links unten führt. Wenn wir uns bei einer etwas uneindeutigen Weggabelung rechts halten, erreichen wir die Scharitzkehlstraße dort, wo ein kleiner Fahrweg gegenüber zum Gasthaus Graflhöhe hinunter führt.

Nach der eventuellen Einkehr gehen wir auf Höhe des Gasthauses weiter Richtung Scharitzkehlalm. Wir nutzen jetzt einen Wanderweg, der auf den Ingenieur und Erfinder Carl von Linde zurückgeht, weil dieser einen Teil des Weges Ende des 19. Jahrhunderts auf eigene Kosten anlegen ließ. Nach etwa 15 Minuten gehen wir nach links oben und unter einer Brückenruine hindurch, der sogenannten Zaunerbrücke.

 3,6 km   187 Hm

❄ auch im Winter oft gangbar (siehe Variante)

🍴 Gasthäuser Graflhöhe und Scharitzkehlalm

Almkreuz auf der Ligeretalm

Wir überqueren die Scharitz-kehlstraße, folgen dem gegen-über startenden Wanderweg zunächst nach links oben und bei der nächsten (unausge-schilderten) Weggabelung nach rechts. So erreichen wir die zur Scharitzkehlalm führende Straße mit den Parkplätzen.

Variante 1
Vor allem im Winter, wenn der steile Abstieg zur Graflhöhe et-was rutschig sein könnte, bietet es sich an, die Runde nach der Ligeretalm abzukürzen, weil der dort beginnende Direktabstieg auf breiteren Wegen zurück zur Scharitzkehlalm führt.

Variante 2
Wer die Tour etwas sportlicher gestalten und einen beeindru-ckenden Talkessel, dreiseitig umrahmt von hohen Fels-wänden, entde-cken will, kann in der scharfen Linkskurve – etwa eine halbe Stunde nach dem Start bei der Scharitz-kehlalm – gera-deaus weiter ins Endstal gehen (unausgeschil-dert).

Ligeretalm mit Göll im Hintergrund

Kehlstein, 1.881 m

Der Kehlstein gehört zu den beliebtesten Ausflugszielen in Berchtesgaden und somit ist man dort keineswegs allein. Dennoch: Mit frühem Start, festen Schuhen und ein wenig Muße lässt sich auch daraus ein netter Spaziergang gestalten. Der Tiefblick zum Königssee und die Rundum-Sicht in fast die gesamten Berchtesgadener Berge krönen die Tour. Das Kehlsteinhaus vermittelt einen Hauch dunkler Geschichte: Es entstand zu Hitlers Obersalzberg-Zeiten.

📍 Berchtesgaden-Obersalzberg, Fahrt mit dem Kehlstein-Bus

🕐 1 ½ Stunden: zum Gipfelkreuz 10 Min., Rundweg 1 ¼ Std., kurzer Abstecher Richtung Mannlgrat 10 Min.

Wer mit einem der ersten Busse fährt – auch für die frühen Personalbusse können Besucher Tickets lösen – oder außerhalb der Sommermonate unterwegs ist, kann ohne Pulk zum Gipfelkreuz des Kehlsteins (1.881 m) hinaufgehen und die herrliche

Kehlsteinhaus

KEHLSTEIN

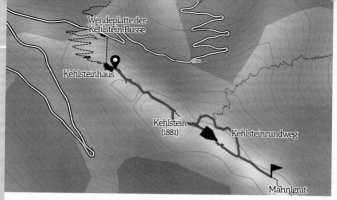

Wendeplatte unterm Kehlsteinhaus

Aussicht genießen. Auf jeden Fall lohnend ist auch der ausgeschilderte Aussichtspunkt, der ein Felsfenster auf den zum Hohen Göll führenden Mannlgrat eröffnet. Der Kehlstein-Rundweg führt über den höchsten Felsen an der rechten Seite. Nachdem wir die letzte Bank verlassen haben, wird es deutlich ruhiger. Die steilen Stufen erfordern Trittsicherheit, teilweise helfen Seile und Geländer.

Wir folgen der Ausschilderung des Rundwegs gegen den Uhrzeigersinn und gehen beim Umkehrpunkt noch ein paar Meter Richtung Mannlgrat.

Dort können wir zurückblicken zum Felsfenster und die Touristen beobachten, die sich für Fotos auch auf die Felsen wagen. Der Mannlgrat selbst ist allerdings Bergsteigern mit Klettererfahrung vorbehalten. Wir gehen auf der nördlichen Seite des Rundwegs zurück.

Am Kehlsteinhaus führen einige Infotafeln in die geschichtlichen Zusammenhänge ein. Wer nicht auf den goldenen Aufzug warten will, kann auch den Serpentinenweg hinunter zur Wendeplatte der Kehlsteinbusse nutzen (am Aufzug vorbeigehen).

 2 km   119 Hm   für (größere) Kinder geeignet

 Kehlsteinhaus   Kehlsteinhaus

KEHLSTEIN

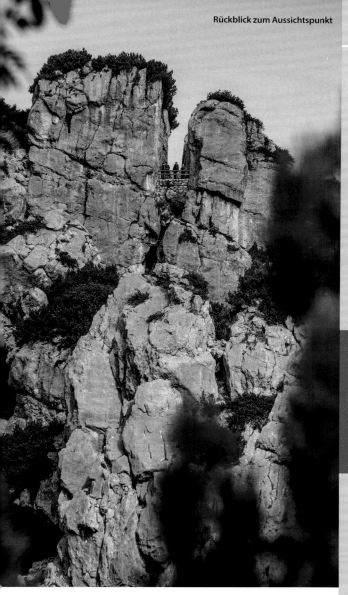

Obersalzberg – Lindeweg, Höllgraben, Schluchtenweg, Kalter Keller

Eine nahezu nostalgische Seilbahn bringt hinauf zum Obersalzberg, wo Gasthäuser mit Panoramasicht zum Verweilen einladen. Auf wenig begangenen Pfaden – vorbei an mehreren Naturphänomenen – gelangen wir wieder ins Tal.

📍 Berchtesgaden, Parkplatz Obersalzbergbahn, Bergwerkstraße, Bushaltestelle Schießstättbrücke, Fahrt mit der Obersalzbergbahn zur Bergstation

🕐 2 ¾ Stunden: zum Gasthaus Hochlenzer 10 Min., über den Lindeweg zum Gasthaus Graflhöhe 15 Min., über Lindeweg zur Abzweigung am Höllgraben 15 Min., Weg entlang des Höllgrabens (Richtung Spinnerwinkl) 30 Min., Querung des Höllgrabens 30 Min., Abstieg zum Parkplatz über Schluchtenweg und Kalter Keller 1 Std.

Von der Bergstation der Obersalzbergbahn, die uns im gemütlichen Tempo hier hinauf gebracht hat, gehen wir zu der kleinen Zufahrtsstraße hinüber und gehen dann an dieser ent-

OBERSALZBERG

Spinnerlehen-Kapelle (oben links) und Watzmannblick

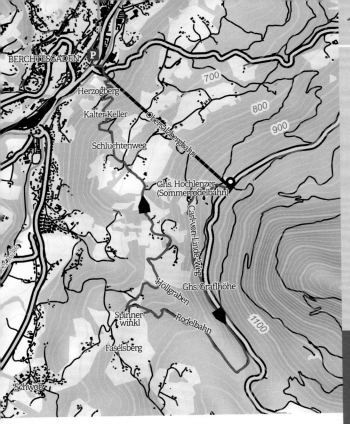

lang zum Gasthaus Hochlenzer hinab. Hinter dem dortigen Parkplatz nehmen wir den Carl-von-Linde-Weg Richtung Graflhöhe auf, wo ebenfalls ein Gasthaus mit einer aussichtsreichen Terrasse einlädt. Danach bleiben wir weiterhin auf dem Carl-von-Linde-Weg (Richtung Scharitzkehlalm), verlassen ihn aber dort, wo er eine kleine Teerstraße kreuzt und nehmen diese nach rechts hinab (Ausschilderung unter anderem Richtung Königssee). Kurz darauf halten wir uns rechts, unser Weg mündet in eine Rodelbahn (blaues Schild; gelbe Ausschil-

 7,1 km   224 Hm

 Gasthäuser Hochlenzer und Graflhöhe (Windbeutelbaron)

Im Schluchtenweg

hindurch und auf der gegenüberliegenden Seite wieder hinauf. Jetzt führt uns ein steiler, kurviger Pfad, der etwas Umsicht verlangt, hinab in den Höllgraben und mittels einer Brücke über den Bach. An dieser Stelle dürfen wir uns nicht irritieren lassen, dass wir jetzt für eine Weile der Ausschilderung Richtung Graflhöhe und Obersalzbergbahn folgen müssen – obwohl wir tatsächlich nach Berchtesgaden wollen. Wir steigen auf der anderen Seite des Baches hinauf, ge-

derung „Berchtesgaden über Spinnerwinkl").

Wir folgen diesem breiten Weg, der uns Blicke in den tiefen Höllgraben sowie einen kleinen Abstecher zur Spinnerlehen-Kapelle ermöglicht: Nachdem wir einen großen Holzlagerplatz passiert haben, zweigt bald ein Pfad nach links in die Wiese ab (unterhalb einer Bank), der zu dieser kleinen Kapelle mit phantastischer Aussicht führt. Zurück am Weg halten wir uns bei der nächsten (ausgeschilderten) Weggabelung scharf rechts und gehen über eine Zufahrtsstraße zu den Häusern hinab, zwischen den Häusern

hen an einem Gebäude (Wegschilder an der Wand) entlang. An der nächsten Straßengabelung taucht zum ersten Mal das Naturdenkmal Kalter Keller auf den Schildern auf: Dieser Ausschilderung folgen wir jetzt, zunächst lange der Waltenberger Straße entlang, wobei wir uns an schönen Ausblicken Richtung Watzmann erfreuen können. Dort, wo links ein Sandweg abzweigt, nehmen wir die zweite der unmittelbar aufeinanderfolgenden Abzweigungen nach links.

Kurz darauf geht rechts ein kleiner Pfad zu einem schönen Aussichtspunkt ab. Zurück

Der sogenannte Kalte Keller

am Weg bringt uns dieser zwischen einigen bizarren Felsblöcken hindurch – daher auch der Name Schluchtenweg. Der Felsspalt mit dem Namen „Kalter Keller" wurde in früheren Zeiten als natürlicher Kühlschrank für eine Gaststätte genutzt. Und in der Steinzeit diente er anscheinend als Unterschlupf: Die dort gefundenen prähistorischen Lochäxte und Speerspitzen gelten als die ältesten Fundgegenstände der Region.

Wir gehen noch einige Kehren durch den Wald hinab, treffen dann auf eine Zufahrtstraße („Am Herzogberg"), der wir abwärts folgen, bis wir, kurz bevor wir die Seile der Obersalzbergbahn über uns kreuzen, links Stufen erblicken. Hier beginnt ein Pfad, der uns so weit auf die Salzbergstraße hinunter bringt, dass wir nur wenige Meter entlang der Straße zum Parkplatz zurückgehen müssen.

Blick auf Berchtesgaden

Kälberstein-Sprungschanze & Rostwald

Ein abwechslungsreicher und auch in den Herbst- und Wintermonaten lange sonniger Spaziergang führt über den Kälberstein-Gipfel, auf dem nicht nur eine kleine Kapelle, sondern auch der Startturm einer 90-Meter-Sprungschanze steht.

📍 Bischofswiesen, Parkplatz Aschauerweiher Bad, Bushaltestelle Reitoffen (Bischofswiesen-Stangaß) und dann die Runde von dort starten (zunächst Richtung Gasthof Schönfeldspitze gehen)

🕐 2 ¼ Stunden: Über die Stanggaß und den Hermannsteig auf den Kälberstein 1 Std., Gasthaus Oberkälberstein 15 Min., Gletschermühlen 15 Min., Rückweg durch den Rostwald 45 Min.

Hochgartdörfl

Am Parkplatz wenden wir uns wieder der Straße zu und gehen dann rechts parallel zur Straße und wechseln mit dem Fußweg die Straßenseite. Der Fußweg endet an einem kleinen Parkplatz neben einer Straße, die wir überqueren, um dann schräg links in die Sackgasse einzubiegen (Ausschilderung Stanggaß über Hochgartdörfl). Das alte Bauernanwesen durchquerend genießen wir den schönen Watzmannblick und erreichen,

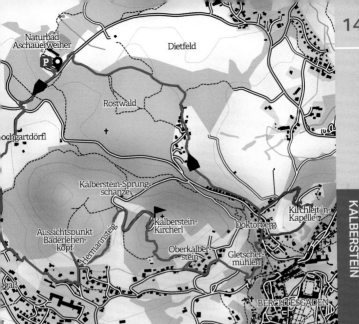

bewusst eine Abzweigung zur Kälberstein-Sprungschanze ignorierend, den Sieglweg. Wir steuern auf ein größeres Haus mit auffälligem Turm zu und nehmen dazu den Sandweg, der an einer kleinen Kapelle vorbei führt. Hier wäre ein kleiner Abstecher zum Gasthof Schönfeldspitze möglich. Dann halten wir uns nach links oben, die Wegweiser lauten jetzt auf „Kälberstein-Sprungschanze über Hermannsteig". Zunächst verläuft der Weg kurz auf einer kleinen Zufahrtstraße, dann über einen schmalen Weg und einige Stufen (nahe an einem Haus vorbei) und über einen Sandweg nach oben.

Dort, wo rechts das erste Haus direkt am Weg – mit auffälligen Sonnen in den Fensterläden – liegt, zweigt links ein Pfad nach oben ab. Kurz darauf geht's wieder links die steile Straße hinauf. Wir halten uns weiterhin links, obwohl keine Wegweiser dorthin zeigen, und erreichen den lohnenden Aussichtspunkt na-

 6,4 km   293 Hm

 Gasthof Schönfeldspitze, Ghs. Oberkälberstein, Aschauer Wirt (im Sommer)

Kälberstein-Kircherl

mens Baderlehenkopf. Dann gehen wir wieder ein kurzes Stück zurück und wenden uns nach links in den Hermann-steig, der uns zum Skisprung-gelände führt. Wir halten uns rechts und gehen über die kleine steile Straße neben der Sprungschanze hinauf und er-reichen den Startturm und das Kälberstein-Kircherl. Der Ab-stieg erfolgt ein kurzes Stück auf derselben Straße, dann geht es links Richtung Oberkälber-

stein Wildgehege. Auch bei der nächsten Weggabelung halten wir uns links, beim Gasthaus Oberkälberstein gehen wir dann hinab, bei der Straße unterhalb nach links und bei der nächsten Gabelung, unterhalb der Pen-sion Lugeck, wieder nach links. Etwa 100 Meter weiter biegt ein Pfad nach rechts Richtung Berchtesgaden-Ortsmitte ab, der über Stufen zu einer Gara-genzufahrt und dann links (un-terhalb des Hauszugangs) über

einige weitere Stu-fen hinab zum so-genannten Königs-weg führt, in den wir nach links rück-wärts (Richtung Gletschermühlen) einbiegen.

Nach den Glet-schermühlen, ent-standen durch ro-tierende Steine im spiralförmig abflie-ßenden Schmelz-wasser der Eiszeitgletscher, nehmen wir rechts den steilen Steig mit vielen Stufen, der uns hinab zum Soleleitungsweg bringt. Nachdem wir den hier stegartig angelegten Soleleitungsweg erreicht haben, halten wir uns links und kommen so zur Straße „Doktorberg". Diesen Sträßchen nehmen wir nach links aufwärts, zweigen dann (vor einem Haus mit auffällig spitzem Giebel, dem ehemaligen Krankenhaus) rechts ab und gehen dann gleich wieder nach links in den Wanderweg. Mit schöner Aussicht flanieren wir unterhalb des Doktorbergs entlang, bleiben bei der Straßenkreuzung geradeaus und passieren auf der kleinen Rostwaldstraße einige Häuser. Wir halten uns an die Ausschilderung Richtung Aschauerweiher, gehen daher bei der ersten Weggabelung links und bei der nächsten geradeaus. Bei der Aschauerweiherstraße halten wir uns kurz links, um zum Parkplatz zurückzugelangen.

Variante
Wer das Anfangsstück des Soleleitungswegs unter dem Weinfeld und die Kirchleit'n-Kapelle noch nicht gesehen hat, sollte den Spaziergang um einen Bogen erweitern: An dem Sträßchen „Doktorberg", gehen wir nur kurz links aufwärts und dann schräg oberhalb in einen kurzen Verbindungsweg (rote Hinweisschilder), kreuzen dann eine kleine Straße und nehmen den Weg halbrechts unter dem

Mariengrotte am Wegesrand

schönen Torbogen auf. Dieser führt uns unterhalb des Weinfelds entlang, wo früher das Gemüse – und auch der Wein – für die Chorherren des Klosters angebaut wurde, was der heutige Besitzer durch Weinranken entlang des Wegs und über einigen Rastbänken aufgreift.

Nach den letzten Bänken nehmen wir den steilen Anstieg zur Kirchleitn-Kapelle auf uns, da uns dort ein einmaliger Ausblick erwartet. Eine kleine Straße führt uns wieder hinab, wir halten uns links und dann – kurz vor einem großen Haus mit auffällig spitzen Giebeln, dem früheren Krankenhaus, – nach rechts Richtung Aschauerweiher (ca. eine halbe Stunde länger).

Berchtesgaden & Maria Gern

Der aufschlussreiche Rundgang durch den historischen Ortskern Berchtesgadens lässt sich wunderbar verbinden mit einem Abstecher zum malerisch gelegenen Ortsteil Maria Gern, dessen Wallfahrtskirche ein überaus beliebtes Fotomotiv vor dem herrlichen Bergpanorama darstellt.

📍 Berchtesgaden, Parkplatz Nonntal (oder andere Parkgelegenheiten im Ortszentrum), Bushaltestelle Berchtesgaden Zentrum

🕐 3 Stunden: Rundweg durch Berchtesgaden bis zur Kirchleit'n-Kapelle 1 ¼ Std., nach Maria Gern 45 Min., Rückweg nach Berchtesgaden 1 Std.

Wir gehen durch das Nonntal Richtung Berchtesgadener Ortszentrum und starten somit unseren Rundgang auf dem Berchtesgadener Schlossplatz, weil hier auch die Geschichte Berchtesgadens ihren Anfang nahm. Bereits im frühen 12. Jahrhundert gründeten Augustiner-Mönche hier ein Kloster, dessen Kern noch erhalten ist, weshalb sich ein Blick in den tagsüber meist geöffneten romanischen Kreuzgang lohnt (Eingang Richtung Schlossmuseum). Der Propst (Abt) des Klosters war über viele Jahrhunderte gleichzeitig der Fürst des eigenständigen Fürstentums Berchtesgaden. Nachdem

Kirschblüte im Berchtesgadener Kurgarten

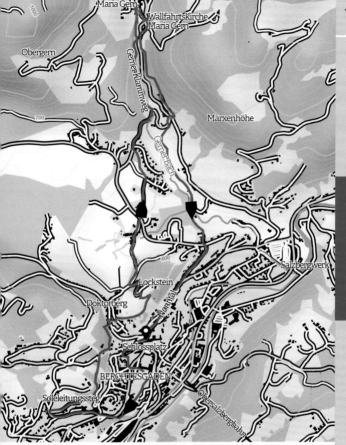

das Kloster 1803 während der Napoleonischen Kriege aufgelöst (säkularisiert) und Berchtesgaden wenige Jahre später Bayern zugeordnet wurde, nutzen die bayerischen Könige das ehemalige Kloster als Schloss für die Sommermo-

 8,1 km 357 Hm   im Winter meist begehbar

🍽 Gasthaus Maria Gern, Café Etzerfelsen (kurzer Abstecher), Gasthäuser in Berchtesgaden

🏛 Berchtesgaden und Wallfahrtskirche Maria Gern aus dem 18. Jahrhundert

nate. In der neben dem Schloss aufragenden Stiftskirche finden sich ebenfalls viele kunsthistorisch sehenswerte Relikte, vom spätromanischen Portal in der Vorhalle über ein spätgotisches Netzgewölbe im Langhaus des Kirchenschiffs bis zum ornamentreichen Chorgestühl der Augustiner-Chorherren. Wir verlassen den Schlossplatz durch den Bogen Richtung Ortszentrum, gehen auf den Marktplatz mit dem Marktbrunnen und dem kunstvoll bemalten Hirschenhaus: Die Fresken der Affenfassade an der unteren Seite (Metzgergasse) stammen aus dem frühen 17. Jahrhundert und gehören zu den ältesten profanen Wandmalereien Süddeutschlands: Sie spielen mit übertriebenen Dar-

stellungen von Lastern auf die nicht immer tadellose Lebensweise der damaligen adeligen Chorherren an.

Zurück am Marktbrunnen schlendern wir den leicht ansteigenden Marktplatz entlang, wenden uns am Ende der Straße nach links zum Weihnachtsschützenplatz und überqueren die Maximilianstraße Richtung AlpenCongress. Dort werfen wir zunächst links einen Blick in den Kurgarten (herrliche Kirschblüte!) und gehen dann rechts um das Gebäude herum. Hinter der nächsten Ecke nehmen wir gleich rechts einige Treppenstufen, um in den denkmalgeschützten „Alten Friedhof" zu gelangen, eine ruhige Oase inmitten des geschäftigen Ortes. Wir verlassen den Fried-

Wallfahrtskirche Maria Gern mit Watzmann

hof an der gegenüberliegenden Seite über einige Treppenstufen links unterhalb der Franziskanerkirche, die mit ihrer Ährenmadonna ein beliebtes Ziel der Marien-Wallfahrten im 17. und 18. Jahrhundert darstellte, und stoßen auf einen breiten Sandweg, die Sonnenpromenade. Wir gehen nach rechts hinter der Franziskanerkirche entlang. Nach dem Ende der Sonnenpromenade gehen wir ein kurzes Stück links entlang der Maximilianstraße, überqueren diese dann und biegen wieder links in die bald steil ansteigende Kälbersteinstraße ab. Dort passieren wir die ehemalige Königliche Villa, die der bayerische König Maximilian II. nach der Abdankung seines Vaters Ludwig I. erbauen ließ, um die Sommer in

Berchtesgaden verbringen zu können, ohne dem Vater den Platz im Schloss streitig zu machen. Medaillons mit den Köpfen von König Max und seiner Frau Marie, die wir rechts und links von der Loggia-Brüstung entdecken, erinnern an die frühere Funktion des prächtigen Gebäudes.

Wir biegen, noch vor dem Hotel Kronprinz, rechts in die Straße „Am Brandholz" ein, die in den Soleleitungssteg übergeht. Angelegt als Trasse für die Soleleitung, durch die ab 1817 salzgetränktes Wasser zur Saline nach Reichenhall transportiert wurde, bietet der Steg heute nicht nur interessante Informationstafeln, sondern auch spektakuläre Ausblicke auf Berchtesgaden und die umliegende Bergwelt. Wir kommen vorbei an den Kapellen des Kalvarienbergs, folgen stets der Ausschilderung „Soleleitungsweg / Lockstein" und gelangen somit zum kleinen Sträßchen „Doktorberg". Dort gehen wir kurz nach links aufwärts, um dann rechts (rote Schilder) über einen Verbindungsweg den weiteren Verlauf des Soleleitungswegs aufzunehmen. Durch einen Rundbogen (halbrechts unterhalb) gelangen wir zum Weinfeld, wo im Mittelalter tatsächlich Wein angebaut wurde, was der heutige Besitzer durch Weinreben am Wegesrand aufgreift. An der Weggabelung halten wir uns nach links oben und erreichen – nach einigen steilen Serpentinen – die Kirchleit'n-Kapelle, einen beliebten Aussichtspunkt. Nach der Kapelle folgen wir zunächst der Straße und dann rechts den Wegweisern Richtung Maria Gern.

Kurz darauf halten wir uns bei der Weggabelung nach links und gehen einen geteerten Weg hinab, der in den Weihererbachweg mündet. Dieser bringt uns an die Locksteinstraße, die wir überqueren, um schräg gegenüber den Rosenhofweg aufzunehmen. Von diesem zweigt links ein kleiner Pfad ab, der uns – zuletzt über einige Treppenstufen – an die Gerner Straße bringt. Dieser folgen wir ein Stück nach rechts aufwärts, um dann in einer deutlichen Rechtskurve die Straße zu überqueren und links in den Klammweg Richtung Maria Gern einzubiegen.

Nach etwa 20 Minuten entlang des Gerer Bachs gehen wir nicht rechts Richtung Maria Gern (Kirche) hinauf, sondern bleiben auf dem Weg am Bach (Richtung Hintergern) und wenden uns erst, nachdem wir die ersten Häuser erreicht und zwei Brücken über den Bach genommen haben, nach rechts hinauf zu der bereits sichtbaren Kirche. Diese barocke Wallfahrtskirche beeindruckt nicht nur durch ihre harmonische Architektur, sondern auch durch die schöne Innenausstattung mit auslandendem hellem Stuck, zahlreichen Fresken und einem Hochaltar mit der reich geschmückten Marienfigur im Zentrum. Wir gehen die kleine Straße hinter der Kirche hinab, dann einige Me-

Humorvolles
Hinweisschild

ter entlang der Gerner Straße und biegen links in den Sandweg ein. Dieser führt uns – abseits vom Verkehr – parallel zur Gerner Straße hinab und mündet in eine Dreieckskreuzung. Hier halten wir uns halbrechts (Richtung Berchtesgaden Krankenhaus), gehen etwa 30 Meter die Gerner Straße hinunter und zweigen dann links in einen mit weißem Wegweiser ausgeschilderten Fußweg ab.

Dieser kreuzt eine breite Sandstraße und geht genau gegenüber als schmaler Pfad weiter, was vor allem im Herbst, wenn viel Laub auf dem Weg liegt, schwer zu erkennen ist. Der schöne Pfad führt entlang des Hangs oberhalb des Gerner Bachs und dann zum Bach hinab. Über eine Brücke und einen Fußweg gelangen wir in die Hilgergasse. Diese mündet in der Locksteinstraße, der wir nach links folgen. Mit herrlichem Blick auf den historischen Ortskern Berchtesgadens gehen wir die Locksteinstraße hinab und dann der Straße „Nonntal" entlang, um zum Parkplatz respektive dem Ortszentrum zurück zu gelangen.

Gerner Höhenweg

Maria Gern mit seiner Wallfahrtskirche und dem sich dahinter ausbreitenden Bilderbuch-Watzmann-Panorama gehört zu den beliebtesten Ausflugszielen der Urlauber, die nach Berchtesgaden oder Umgebung kommen. Ein schöner Höhenweg ermöglicht, aus unterschiedlichen Perspektiven Einblicke in die Berchtesgadener Alpen zu nehmen und die Natur und die bäuerliche Kultur des kleinen Ortes zu genießen.

📍 Maria Gern, Parkplatz und Bushaltestelle im Ortszentrum

🕐 3 Stunden: nach Obergern 1 ½ Std., Hintergern 45 Min., Rückweg nach Maria Gern 45 Min.

Höhenweg mit Watzmannblick

Wir starten bei dem Parkplatz unterhalb der Kirche (Klammweg) und halten uns dort zunächst nach unten und dann entsprechend der Ausschilderung „Gerner Höhenweg / Obergern" nach links oben. Wir passieren ein wunderbar gelege-

 6,6 km 295 Hm

 Gasthaus Maria Gern, Gasthaus Dürrlehen

 Wallfahrtskirche Maria Gern aus dem 18. Jahrhundert

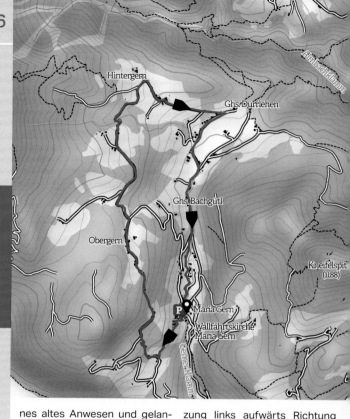

nes altes Anwesen und gelangen über eine schmalen Pfad zu einer Straße, die wir bald darauf nach rechts aufwärts verlassen. Ein teilweise steiler Waldpfad bringt uns zu einer anderen Straße, wo wir rechts abbiegen und wieder auf einem Wiesenpfad landen.

Am Ende dieses Pfades erreichen wir die Häuser der Obergern und folgen jetzt der kleinen Straße, die zunächst etwas abwärts und nach der Wegkreuzung links aufwärts Richtung Hintergern verläuft. Auch dieses Sträßchen geht am Ende wieder in einen Pfad über, der uns in einen steilen Einschnitt hinab und über einen Bach hinweg führt.

Am Ende einer Wiese geht's nach rechts und dann folgen wir der Straße nach rechts hinab, verlassen sie aber in einer scharfen Rechtskurve (Ausschilderung Almbachklamm) und nehmen den Wanderweg, der uns innerhalb weniger Minuten zum Gasthaus Dürrlehen bringt.

Nach einer eventuellen Rast folgen wir der Fahrstraße abwärts und gelangen, wenn wir uns bei der nächsten Gabelung links halten, zurück auf die Gerner Straße. Hier gehen wir rechts und folgen der Straße, bis rechts der Obergerner Weg abzweigt. Gleich nach der Abzweigung gehen wir links in den Klammweg, der uns bis zu unserem Ausgangspunkt zurückbringt.

Variante

Alternativ kann man die Wanderung auch in Berchtesgaden starten und dann von der Hintergern mit dem Bus zurück-fahren. Einer der schönsten Anstiege startet im Berchtesgadener Ortsteil Nonntal und nimmt den Weg der Seligpreisungen zur wunderschön gelegenen Kirchleit'n-Kapelle unterhalb des Locksteins.

Von dort aus folgen wir der Ausschilderung zum Krankenhaus und dann nach Maria Gern. Wenn wir nach einem längeren Wegstück entlang und oberhalb des Gerner Bachs auf die Fahrstraße Richtung Maria Gern stoßen, gehen wir etwa hundert Meter links auf der Straße bergab, um dann rechts den Klammweg nach Maria Gern nehmen zu können. Insgesamt dürfte diese Wanderung etwa vier Stunden dauern (Wegführung siehe Karte Tour 15).

Herbstlicher Morgen in der Obergern

Kneifelspitze, 1.188 m

Die Kneifelspitze lockt mit einer grandiosen Rundum-Sicht und einem Gasthaus direkt am Gipfel, das fast das ganze Jahr geöffnet ist. Das Ziel lässt sich relativ schnell auf schönen Wegen erreichen, da die Wanderung im höher gelegenen Ort Maria Gern startet. Zudem erfreuen Blumen am Wegesrand das Herz während vieler Monate des Jahres.

📍 Maria Gern, Parkplatz Lauchlehen oberhalb des Ortes, Bushaltestelle Maria Gern und Anstieg über die steile Fahrstraße direkt Richtung Marxenhöhe

🕐 3 Stunden: zur Marxenhöhe 30 Min., zum Kneifellehen 45 Min., zur Kneifelspitze (Paulshütte) 45 Min., Abstieg über Sandstraße und Querung zum Kneifellehen 45 Min., Abstieg zum Lauchlehen 20 Min.

Durch den höher gelegenen Parkplatz haben wir uns einen steilen Anstieg gleich zu Beginn gespart. Da wir aber eine wunderschöne Wegpassage nicht auslassen wollen, gehen wir zunächst ein Stück bergab auf der Straße, die wir hochgefahren sind. Dort, wo die Straße einen scharfen Knick nach rechts unten nimmt, gehen wir links in einen schönen Waldweg und folgen der Ausschilderung „Kneifelspitze über Kneifellehen".

Die nach etwa 20 Minuten mittels eines fünfminütigen Abstechers erreichbare Marxenhöhe ist ein Aussichtspunkt mit Blick über Berchtesgaden. Nach dem Abstecher durchqueren wir zu-

Ausblick von der Terrasse der Paulshütte

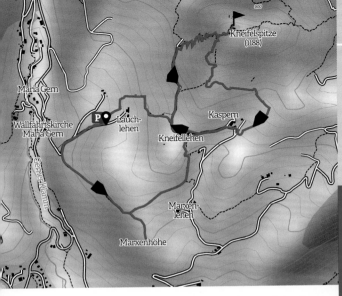

nächst eine Buckelwiese, die viele Monate des Jahres mit grandioser Blütenpracht begeistert. Hinter dem Drehkreuz am Ende der Wiese gehen wir links steil aufwärts und halten uns bei der nächsten Wegkreuzung wieder links.

Somit gelangen wir auf Weg oberhalb des Kneifellehens, wo wir uns wiederum links halten und kurz darauf geradeaus weitergehen. Nach etwa 20 Minuten auf einem breiteren Wanderweg zweigen wir rechts ab und gewinnen über Serpentinen schnell an Höhe.

Die letzten 50 Höhenmeter bis zum Gipfel (1.188 m) überwinden wir dann auf der Sandstraße, die auch die Wirte der Paulshütte nutzen. Für unsere Rückkehr bleiben wir auf dieser sandigen Fahrstraße, bis diese in Asphalt übergeht. Dann wenden wir uns scharf nach rechts rückwärts und folgen der Ausschilderung „Maria Gern über Lauchlehen" und gelangen somit wieder zu dem Weg oberhalb des Kneifellehens.

Wir bleiben auf diesem Weg, nehmen aber kurz darauf links den Direktabstieg zum Lauchlehen, so dass wir über schöne Pfade zu unserem Ausgangspunkt zurück gelangen.

 6,2 km   470 Hm

 lohnendes Ziel auch im Winter (außer bei sehr viel Schnee)   🍴 Paulshütte

Ettenberg & Almbachklamm

Die sehenswerte Wallfahrtskirche in Ettenberg – malerisch vor den Untersberg-Südwänden gelegen – stellt das erste Etappenziel dar. Durch die Almbachklamm zurückzukehren kombiniert die schönen Ausblicke mit einem einzigartigen Naturerlebnis.

📍 Marktschellenberg, Parkplatz Almbachklamm / Kugelmühle, Bushaltestelle Abzweigung Kugelmühle an der B 305 (Alpenstraße) zwischen Berchtesgaden und Marktschellenberg

🕐 2 Stunden: Nach Ettenberg 1 Std., Abstieg über Talgrabenweg 30 Min., durch die Almbachklamm zur Kugelmühle 30 Min.

Wir nehmen den Pfad, der rechts vor dem Gasthaus Kugelmühle nach oben abzweigt. Ein gut gepflegter Weg mit vielen Stufen führt uns entlang der Hammerstielwand auf das Wiesenplateau, wo wir bald die Kirchturmspitze erspähen. Wir gehen in einem Linksbogen zur Wallfahrtskirche Mariä

Wallfahrtskirche Mariä Heimsuchung in Ettenberg

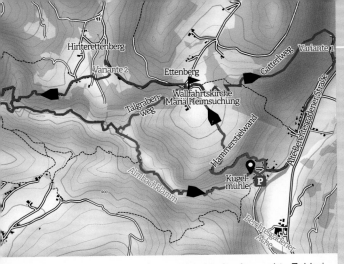

Heimsuchung, einer wunderbar erhaltenen Rokokokirche, die auf jeden Fall eine Besichtigung lohnt. Gegenüber der Kirche befindet sich das Gasthaus Mesnerwirt, das allerdings nur in den Sommermonaten geöffnet hat. Wir gehen einen kleinen Pfad, der schräg gegenüber dem Kirchenportal ansetzt, hinunter und nehmen dann links den Wanderweg auf, der über den Talgrabenweg in die Almbachklamm führt.

Dieser Pfad schlängelt sich durch den Wald hinab und erreicht den Almbach an einer Brücke. Wir wenden uns nach links hinab und erleben den aufregendsten Teil der Klamm mit vielen Engstellen und Gumpen, wo das Wasser stufenweise fällt

oder hindurchrauscht. Zahlreiche Eisenstege, Brücken, herausgesprengte Felsabsätze und sogar ein Tunnel haben die Klamm für die Wanderer erschlossen.

Variante 1

In den Wintermonaten ist die Almbachklamm geschlossen und sollte auch auf keinen Fall begangen werden, da immer wieder Teile des Wegs wegbrechen oder durch abgestürzte Bäume versperrt sind. Doch lohnt sich der Aufstieg über die Hammerstielwand wegen ihrer südseitigen Ausrichtung bereits im März, wenn dort die Schneerosen erblühen. Als Abstieg bietet sich dann der Gatterweg an: Wir halten uns vom

 4,2 km 389 Hm

 Wallfahrtskirche Mariä Heimsuchung   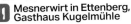 Mesnerwirt in Ettenberg, Gasthaus Kugelmühle

ETTENBERG

Kirchenportal aus nach rechts, zweigen dann rechts in die kleine Straße ab und dann links in den ausgeschilderten Gatterlweg. Weiter unten bei der Weggabelung nehmen wir dann den rechten Zweig Richtung Almbachklamm. Die „Alte Berchtesgadener Straße" bringt uns dann rechts zum Parkplatz zurück (etwa 50 Min. für diesen Abstieg).

Variante 2

Wer die Tour etwas länger gestalten möchte, kann in Ettenberg den kleinen Pfad gegenüber des Kirchenportals nehmen, dann ein paar Schritte geradeaus gehen und bei der unteren Straße nach links abbiegen. Nach etwa einem Kilometer auf dieser Straße zweigt links ein schöner Weg ab, der zunächst durch eine offene Wiesenlandschaft leitet. Schmale Pfade am Hang entlang bringen uns zu einer Weggabelung: Der rechte Weg führt bei der Theresienklause, die früher für die Holztrift genutzt wurde, ins Tal des Almbachs (insgesamt 2 Std. Gehzeit zwischen Ettenberg und der Kugelmühle). Mit-

Schneerose

tels des linken Pfads gelangen wir weiter vorne ins Bachtal und sparen – im Vergleich zum Weg über die Theresienklause – eine ¾ Stunde Wegzeit. Durch das immer enger werdende Bachtal gehen wir dann zur Kugelmühle zurück.

Beeindruckendes Wassererlebnis

ETTENBERG

Köpplschneid

Nach einem steilen Anstieg geht's auf einem abwechs-lungsreichen Weg auf dem Kamm zwischen Deutschland und Österreich entlang: Die Köpplschneid selbst ist überwiegend bewaldet, endet aber auf einer Wiese mit einem phantastischen Panoramablick.

📍 Marktschellenberg, Parkplatz am Marktplatz (auf der der Kirche gegenüberliegenden Straßenseite), Bushaltestelle Marktschellenberg

🕐 3 Stunden: Anstieg zur Köpplschneid 1 ¼ Std., entlang der Köpplschneid zum Mehlweg 45 Min., Abstieg über Götschen 1 Std.

Wir überqueren die Bundes-straße und gehen die schmale Kirchgasse rechts neben der Kirche hinauf. Nach wenigen Minuten gabelt sich die kleine Straße: Wir halten uns rechts und nehmen den Neuhäusl-weg (Ausschilderung „Köppl-

schneid Direktaufstieg"). Beim letzten Haus zweigt rechts ein kleiner Steig ab, der uns in den Wald und mittels einer Brü-cke über einen Graben bringt. Am Rande einer Wiese ent-lang kommen wir dann auf eine kleine Zufahrtstraße („Köppl-

Watzmannblick am Mehlweg

KÖPPLSCHNEID

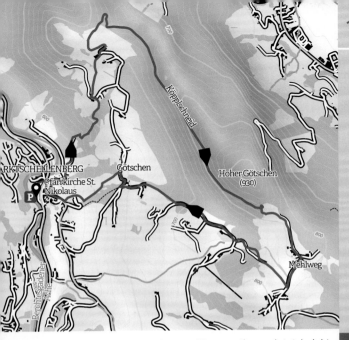

schneidweg"), wo wir uns nach links wenden. Kurz darauf nehmen wir die Betonstufen direkt neben dem Haus auf der rechten Seite und steigen somit steil durch eine Wiese hinauf. Wir stoßen wiederum auf ein Haus, das sich durch seine Wandmalereien noch als die ehemalige Alpenwirtschaft Köpplschneid identifizieren lässt, die auch unter dem Spitznamen „Sahnealm" bekannt war. Wir gehen über die Terrasse dieses ehemaligen Gasthauses, dann kurz nach links und vor einem weiteren Haus entlang. Jetzt knickt unser Weg nach links oben ab und passiert einen schönen Aussichtpunkt (mit Bank). Über einen Wiesenweg und einige Stufen im Wald (weitere Aussichtsbänke) erreichen wir die Köpplschneid, den Kamm, auf dem die Grenze zwischen Bayern und dem Salzburger Land verläuft.

Wir halten uns jetzt, entsprechend der Ausschilderung Richtung Mehlweg, nach rechts. Der abwechslungsreiche Weg entlang des Kamms ist mit vie-

  6,7 km   428 Hm

  Café Margit, Marktschellenberg

len Wurzeln und Stufen durchsetzt und verlangt erhöhte Aufmerksamkeit. Nach etwa einer halben Stunde tauchen wieder Hinweisschilder auf, wir gehen halbrechts weiter und verlassen damit die Schneid. (Geradeaus könnten wir auf einem unausgeschilderten, sehr steilen, oft rutschigen Pfad den Gipfel „Hohe Götschen" überschreiten, was aber auch aufgrund der durch die Bäume verdeckten Sicht nicht lohnend ist.)

Der schmale Waldweg führt uns an den Rand einer Wiese, wo wir uns mittels einiger Stufen ein Stück hinunter begeben, um dann die Wiese zu queren und zu den Häusern des Ortsteils Mehlweg zu gelangen. Wenn wir an der Straße ein kurzes Stück

Panorama über dem Mehlweg

Untersberg über Marktschellenberg

nach links gehen, können wir einen Blick auf die Barmsteine werfen, die wie steile Zähne über dem Salzachtal aufragen. Unser Weg verläuft aber in die entgegengesetzte Richtung hinab und zweigt bald darauf nach rechts ab (Ausschilderung „Marktschellenberg über Götschen"). Der breite Weg durch die Wiese verschmälert sich im Wald und führt über einige Stufen auf das Sträßchen „Götschenweg".

Wir gehen nach rechts, ignorieren eine Abzweigung Richtung Köpplschneid und nehmen dann kurz darauf den geradeaus weiter führenden Waldweg. Dieser stößt auf eine Zufahrtstraße, auf der wir etwa 100 Meter abwärts gehen. Jetzt folgen wir der Ausschilderung „Marktschellenberg über Fußweg": Erst geht es kurz nach rechts rückwärts und kurz darauf links durch eine Wiese auf einen Pfad, der uns hinab und zwischen zwei Häusern hindurch zu einem schönen Aussichtspunkt bringt.

Über Treppenstufen gelangen wir in die Messerergasse, die uns rechts hinab ins Ortszentrum von Marktschellenberg zurückführt.

Kleiner Barmstein, 841 m

Wie steile Zähne ragen die beiden Barmsteine aus dem waldigen Hang über dem Salzachtal heraus: Diese Vorgipfel des Göllmassivs fallen oft ins Auge, wenn man sich dem Berchtesgadener Talkessel von Osten her nähert. So steil sie auch wirken, sind sie schnell erklommen, wenn man das Steigen entlang ausgesetzter Stellen kurzzeitig aushalten kann.

📍 Marktschellenberg-Scheffau, Parkbucht beim Mehlweg, unmittelbar nach der Abzweigung vom Götschenweg, Anfahrt über B305, in Unterau rechts in die Reckensbergstraße, nach ca. 2,5 km in den Doffenleitenweg, vor dem Sportplatz entlang, nach 1 km halbrechts in den Götschenweg, kurz darauf Abzweigung des Mehlwegs (680 m). Busfahrt nur bis Marktschellenberg möglich, von dort zusätzliche 200 Höhenmeter im Aufstieg

🕐 2 Stunden: entlang des Götschenwegs bis zur Abzweigung des Wanderwegs 20 Min., zum Mehlweg 20 Min., zum Fuße des Kleinen Barmsteins 30 Min., Kleiner Barmstein 20 Min., Rückweg zum Auto 30 Min.

Wir gehen nicht gleich aufwärts, sondern genießen zunächst den phantastischen Ausblick auf den Untersberg, während wir den Götschenweg entlang schlendern. Nach einem guten Kilometer geht rechts ein ausgeschilderter Wanderweg zum Mehlweg ab.

Durch den Wald und entlang einer weiten Wiese gelangen wir zu einer Häusergruppe – dem Ortsteil Mehlweg – mit herrlicher Aussicht in viele Richtungen. Wir gehen links und am Ende der Straße geradeaus weiter.

Bei den beiden folgenden Wegteilungen halten wir uns jeweils rechts und gelangen so zum Fuß des Kleinen Barmsteins. Ein steiler Pfad mit vielen Stufen

Kleiner Barmstein mit Maibaum

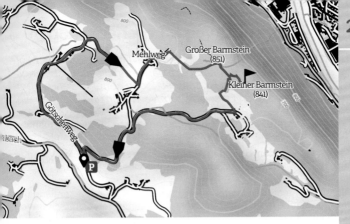

und guten Absicherungen leitet uns nach oben zu dem Gipfel (841 m) mit dem Maibaum und einer Aussicht ins Salzachtal und zu den Berchtesgadener Bergen. Nach dem Abstieg halten wir uns links und gelangen auf eine kleine Straße.

Dort gehen wir nach rechts und folgen der Straße, die uns dann letztlich abwärts zum Parkplatz zurückführt.

Blick zum verschneiten Untersberg

KLEINER BARMSTEIN

 4,8 km   292 Hm

 nur größere Kinder   keine

Auer Rundweg & Lercheck, 960 m

Wunderbare Weitblicke hinüber zu Watzmann und Hochkalter, aber auch zum Untersberg garnieren die abwechslungsreiche Rundtour. Als Höhepunkt laden sonnige Bänke oberhalb einer steilen Felswand zum Verweilen und Staunen ein.

📍 Oberau, Parkplatz Kirche und Auerwirt, Lindenweg, Bushaltestelle auf der gegenüberliegenden Seite der Rossfeldstraße

🕐 3 Stunden: Über den Auer Rundweg zur Lercheker Wand 1 ¼ Std, bis Neuhäusl 35 Min., bis Oberau 1 ¼ Std.

Wir nehmen den Lindeweg, der vor Kirche und Gasthaus verläuft, etwa zehn Minuten abwärts, um dann einem ausgeschilderten Pfad nach rechts hinauf zu folgen. Dieser wunderschöne Teil des Auer Rundwegs mit grandioser Aussicht auf Watzmann & Co. führt in einem weiten Bogen oberhalb des Dorfes Oberau entlang und mündet in den Lärchecker Weg. Wir gehen nach links und folgen der kleinen, sehr wenig befahrenen Straße etwa eineinhalb Kilometer aufwärts. Ein Wegweiser deutet links auf einen Waldsteig hin, der uns zu den Rastbänken über der Lerchecker Wand auf 960 Metern Höhe führt.

Auer Kirche

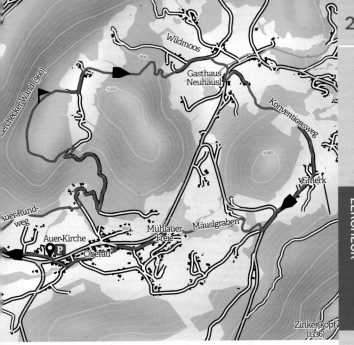

Für den weiteren Weg gehen wir zunächst ein ganz kurzes Stück zurück, wählen dann aber den linken Zweig des Weges (Richtung Oberau Neuhäusl) und stoßen wieder auf die Straße „Lärchecker Weg", der wir nach links oben folgen. An der Kuppe öffnet sich der Blick in die österreichische Osterhorngruppe. Die Straße geht bald in einen Feldweg über, der in den Wald führt und dann wieder auf eine Straße („In der Lärch") trifft. Rechts sind noch Restflächen des Wildmooses zu erkennen, das diesem Ortsteil seinen Namen gab.

Nach der Schilffläche nehmen wir einen (nicht ausgeschilderten, aber deutlich erkennbaren) Pfad quer durch die Wiese, der über eine Brücke und einige Stufen zur gegenüberliegenden Straße führt. Wir gehen rechts und dann gegenüber dem Hotel Neuhäusl in den ausgeschilderten Weg nach links hinauf. Zunächst folgen wir der Straße und gehen dann geradeaus

 8,7 km   457 Hm

❄ Auch im Winter gangbar (kompletter Aufstieg über die kleine Fahrstraße)

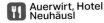 Auerwirt, Hotel Neuhäusl

nach oben über eine Wiese und vorbei an einem Lifthaus. Der Forstweg, in den wir nun einmünden, ist nur durch eine Tafel mit gekreuzten Werkzeugen der Bergleute als unser Wanderweg erkennbar.

Dieses Zeichen steht für den Konventionsweg, den wir auch schon einige Male auf den Schildern erblickten. Dieser Weg bezieht sich auf die 1829 geschlossene Salinen-Konvention, mit der die Interessen Bayerns und Österreichs im Hinblick auf Salz und Holz geregelt wurden. Wir gehen auf einem Pfad nach rechts oben weiter,

Bergpanorama vom Lercheck

Symbol Konventionsweg

und folgen dieser wenige Minuten nach links. Dann rechts in den Weißensteiner Weg und gleich wieder rechts zu einem Wanderweg im Mäuslgraben, der im Winter als Rodelbahn genutzt wird, abbiegen.

Wir halten uns immer geradeaus Richtung Oberau, treffen automatisch auf das Sträßchen „Mühlauer Freie". Nach der Feuerwehr können wir links über eine Brücke gehen und einen kleinen Pfad aufnehmen, der uns – wieder über eine kleine Brücke – zurück auf eine Straße (ebenfalls mit dem Namen „Mühlauer Freie") bringt.

Kurz nach dem Sägewerk gehen wir dann nach rechts und gelangen so auf die Rossfeldstraße, wo wir einige Meter links gehen und dann die Straße hinüber zum Parkplatz queren.

dann oben entlang einer Wiese und über die Zufahrt des obersten Bauernhofs hinunter zu einer querlaufenden Straße im Ortsteil Gmerk. Dort halten wir uns rechts, treffen nach gut fünf Minuten auf die Rossfeldstraße

LERCHECK

Stollenweg & Oberau

Das Salz hat Berchtesgadens Geschichte entscheidend geprägt, denn es galt als das Gold des Mittelalters. Eine Rundwanderung, die vom immer noch aktiven Salzbergwerk durch drei Stollen hindurch Richtung Oberau führt, vermittelt einen Eindruck, wie mühsam das Salz früher gewonnen wurde, und ist abwechslungsreich sowie landschaftlich sehr reizvoll.

📍 Berchtesgaden, Parkplatz Bergwerkstraße, Nähe Hotel Salzberg (Zufahrt über B 305 Richtung Salzburg, 900 Meter nach der Ortsausfahrt rechts über Gollenbachbrücke, Bergwerkstraße), alternativ auch Parkplatz des Salzbergwerks, Bushaltestelle Salzbergwerk an der B 305

🕐 3 ½ Stunden: Stollenweg bis in die Oberau 2 ¼ Std., Abstieg in die Unterau 30 Min., Rückweg zum Salzbergwerk 45 Min.

Vom Parkplatz hinter dem Gasthof Salzberg gehen wir noch etwa 200 Meter Richtung Salzbergwerk, biegen dann aber bereits gegenüber der ersten Gebäude-Ecke nach links oben in den Sandweg ab. Bei der kurz darauf folgenden Weggabelung halten wir uns rechts und gehen dann in den Stollen namens Möserrösche. Nach dessen Durchquerung gehen wir rechts hinunter und folgen der Beschilderung des SalzAlpenSteigs.

Schaustollen Möserrösche oberhalb des Salzbergwerks

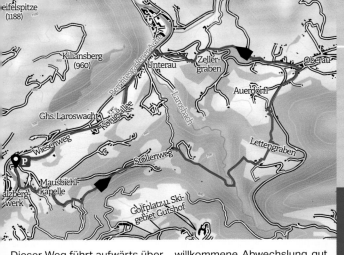

Dieser Weg führt aufwärts über kleine Straßen und Wiesenpfade zur Mausbichlkapelle, wo wir oberhalb auf einen breiteren Sandweg treffen.

Dort wenden wir uns nach links. Unmittelbar nachdem wir auf eine Straße stoßen, nehmen wir bei den Gabelung die untere (linke) Straße, den „Stollenweg". Nach etwa 500 Metern zweigen wir in einer Linkskurve nach rechts in einen ehemaligen Bergwerkstollen ein.

Obwohl man in den jetzt folgenden beiden Stollen den Ausgang erkennen kann und der Boden keine Stolperfallen enthält, mag es dennoch ratsam sein, eine Taschenlampe mitzunehmen, was bei Kindern als willkommene Abwechslung gut ankommt.

Nach dem letzten Stollen führt der Weg durch den Larosbachgraben und mündet in eine kleine Fahrstraße. Der Weg (Richtung Oberau) führt jetzt unterhalb eines Bauernhofs durch die Wiese und dann hinüber zu einem weiteren Graben, dem Lettengraben.

Nachdem wir den Graben gequert haben, gelangen wir zu einer großen Fahrstraße, der Obersalzbergstraße, der wir jetzt 300 Meter nach links folgen müssen. Dann biegen wir auf der gegenüberliegenden Seite in den Schulweg ein und halten uns bei nächster Gelegenheit links. Jetzt überqueren

 10,3 km   418 Hm

Stollen, frühere Arbeitswege der Bergknappen

Auer Wirt, Gasthof Laroswacht (kurzer Abstecher in der Unterau)

Wanderweg durch ehemalige Bergwerksstollen

wir die Rossfeldstraße und gehen auf die Auer Kirche zu.

Unterhalb des Gasthauses verläuft der Lindeweg, dem wir folgen, bis links ein ausgeschilderter Weg Richtung Unterau abzweigt. Dieser Weg kreuzt zwischenzeitig einmal die Fahrstraße und führt dann am Zellerbach entlang abwärts.

Sobald wir in der Unterau die B 305 erreicht haben, über-

queren wir diese vielbefahrene Straße und nutzen gegenüber den Fußgängerweg und einen Tunnel neben dem Fluss, um auf die deutlich ruhigere kleine Königsallee zu gelangen.

Dieser kleinen Straße und dann einem Sandweg folgen wir – immer der Königsseer Ache entlang – und gelangen so zu unserem Parkplatz zurück.

Zellergraben-Kapelle im Abstieg

Rossfeld-Panoramastraße
& Purtschellerhaus, 1.692 m

Die Rossfeld-Panoramastraße zählt zu den touristischen Höhepunkten der Berchtesgadener Region: Bis auf 1.570 m können Autos und Motorräder auf dieser Mautstraße hinaufkurven, zahlreiche spektakuläre Ausblicke inklusive. Durch die Kombination mit dem Purtschellerhaus, einer Alpenvereinshütte auf dem Eckerfirst, erhält der Ausflug einen sportlichen Charakter.

📍 Berchtesgaden, Rossfeld-Panoramastraße, Parkplatz (P6) und Bushaltestelle Hennenköpfl kurz unter dem höchsten Punkt

🕐 3 ½ Stunden: entlang der Panoramastraße und eines Wiesenweges zum Ahornkaser 30 Min., zum Eckersattel 15 Min., über den österreichischen Weg zum Purtschellerhaus 1 Std., Abstieg über den deutschen Weg zum Eckersattel 45 Min., zum Ahornkaser 30 Min., zum Parkplatz/Bushaltestelle unter dem Hennenköpfl 30 Min. (verkürzbar auf 2 ½ Std. durch Parken beim Ahornkaser P9)

Blick von der Rossfeld-Panoramastraße zum Purtschellerhaus

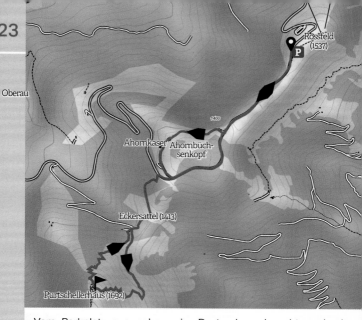

Oberau

Rossfeld (1537)

Ahornkaser Ahornbüch-
senkopf

Eckersattel (1413)

Purtschellerhaus (1692)

PURTSCHELLERHAUS

Vom Parkplatz aus gehen wir entlang der Straße aufwärts und dann auf dem breiten Bürgersteig entlang der Scheitelstrecke, wo wir den herrlichen Ausblick ins Salzachtal und auf das hoch aufragende Göllmassiv genießen. Beim Parkplatz 7 auf der gegenüberliegenden Straßenseite erspähen wir ein Drehkreuz und dahinter einen zwar nicht ausgeschilderten, aber gut ausgebauten Sandweg.

Diesen nehmen wir – er führt uns hinter dem Ahornbüchsenkopf entlang zu der Gaststätte Ahornkaser und daran vorbei wieder zur Rossfeld-Panoramastraße.

Dort gehen wir rechts und nehmen dann den ausgeschilderten Weg nach links Richtung Purtschellerhaus. Zunächst müssen wir steil hinabsteigen, um den Eckersattel zu erreichen, wo es dann am gegenüberliegenden Hang wieder aufwärts geht.

Wir wählen den österreichischen Weg, der direkt hinter dem schön geschmückten Kreuz nach links abzweigt und deutlich weniger steil verläuft als der deutsche Weg. Wir erreichen die wunderschön auf einem 1.692 Metern hohen First gelegene Alpenvereinshütte, durch deren Küche die deutsch-österreichische

⏱ 7,0 km   🔼 440 Hm   🚌 🎿 🍴 Purtschellerhaus, Ob. Ahornalm, Ahornkaser

Geschmücktes Kreuz
am Eckersattel

Gerichten zu einer Rast einlädt. Für den Rückweg nehmen wir den deutschen Weg – außer im Spätherbst oder wenn es in den letzten Tagen viel geregnet hat. Dieser führt zunächst mittels enger Serpentinen (die so sonnenabgewendet liegen, dass sie nur langsam abtrocknen) und dann über Hunderte von Holzstufen in den Eckersattel. Der steile Gegenanstieg hinauf zur Rossfeldstraße ist dann etwas anstrengend, doch entschädigt uns der Rückweg – egal ob entlang der Straße oder wieder über den Wiesenweg – für diese kurze Schinderei.

Grenze verläuft und die mit leckeren Kuchen und deftigen

Abstieg über Hunderte von Holzstufen

PURTSCHELLERHAUS

Tristramschlucht & Böcklweiher

Ein kleiner See inmitten eines Moorgebietes bildet den Höhepunkt einer Runde, die überwiegend schmale Pfade entlang von Schluchten und Taleinschnitten nutzt. Neben der abwechslungsreichen Pflanzenwelt erwarten uns schöne Ausblicke, vor allem auf den Watzmann und den Hohen Göll.

📍 Bischofswiesen, Parkplatz bei der Pfarrkirche St. Michael Strub (Dachlmoosweg), Bushaltestelle Strub St. Michael

🕐 2 ½ Stunden: über den Soleleitungsweg zur Gmundbrücke 30 Min., durch die Tristramschlucht zum Böcklweiher 1 Std., rund um den Böcklweiher 15 Min., durch das Böcklmoos zurück nach Strub 35 Min.

Wir wenden uns vom Parkplatz aus nach rechts (weg von der breiten Gebirgsjägerstraße) und nehmen dann den ausgeschilderten Sandweg, der nach rechts abzweigt. Auf diesem gehen wir hinter den Parkplätzen der Kaserne entlang, dann rechts und gleich darauf links in die Gebirgsjägerstraße. Nachdem wir den mächtigen Löwen vor der Kaserne passiert haben, biegen wir rechts in die Watzmannstraße ab und folgen dieser bis zur Kletterhalle der Berchtesgadener Alpenvereinssektion (Bergsteigerhaus Ganz).

Am Böcklweiher

Hier finden wir Wegschilder am Parkplatz, die uns auf einen Pfad nach links unten weisen, der dann nochmals einen Knick nach links macht (Richtung Gmundbrücke über Soleleitungsweg). Dort, wo früher in Holzrohren die Sole, das salzgetränkte Wasser, zur Saline in Reichenhall floss, verläuft heute ein netter kleiner Pfad, der sich – ein kurzes Stück rechts entlang einer Zufahrtsstraße – bis zur Gmundbrücke hinunterzieht. Dort überqueren wir links zunächst die Straße, dann die Bahn auf einem Fußgängerweg. Nach den Stufen halten wir uns nach links, gehen entlang der kleinen Straße „Färberwinkl" und folgen dann dem rechten Ast der Straße, der uns ein Stück nach oben bringt. Beim letzten Haus zweigt links

 7,5 km   166 Hm   ❄ meist begehbar

🍴 Café Florianstüberl, Insulaweg (kurzer Abstecher vom Dachlmoosweg Richtung Seniorenzentrum Insula)

Seerosen im Nachbarteich

ein Pfad ab, der sich an dem Hang oberhalb der Bahnschienen entlanghangelt. Nachdem wir eine Weile durch abenteuerliche Einschnitte und dann zuletzt ein Stück nahe an der Bahnstrecke gewandert sind, stoßen wir auf eine kleine Straße, die uns linkerhand über die Bahn und die Bischofswieser Ache bringt. Zwischen den Häusern gehen wir ein kurzes Stück aufwärts, bis links ein Wanderweg Richtung Böcklweiher abzweigt. Dieser führt uns – sehr romantisch – durch ein kleines Bachtal und endet an der Mooslandschaft, die den Böcklweiher umgibt.

Wir halten uns rechts, nutzen die Sitzbänke für eine kleine Pause an diesem malerischen kleinen See, und gehen dann weiter auf die Siedlung zu. An der ersten Kreuzung halten wir uns links in das Sträßchen „Oberweiher" (ohne Ausschilderung), folgen dem Straßenknick nach links und sehen bald einen kleineren Weiher, der vor allem in den Monaten Juni und Juli, wenn dort die Seerosen blühen, einen kleinen Abstecher lohnt.

Unsere Böcklweiher-Runde setzen wir auf der Sandstraße fort, biegen aber bald links Richtung Fliegerdenkmal ab, das an den Absturz eines Luftwaffen-Flugzeugs im Jahre 1958 erinnert: Die sechsköpfige Besatzung kam damals hier am Böcklweiher ums Leben.

Ein Pfad durch das Böcklmoos, wo uns eine vielfältige Pflanzenpracht erfreut, führt zurück auf die kleine Straße, die am Böcklweiher entlang führt. Diese nehmen wir nach rechts, gehen noch ein Stück durchs Böcklmoos, dann an ein paar Häusern vorbei und eine Sandstraße hinauf.

Oben zweigt der Hochmoorweg nach rechts ab (Ausschilderung Richtung Strub), an dessen Ende wir uns nach links (weg von der lauten Bundesstraße) wenden, um dann gleich wieder rechts in die kleine Straße abzuzweigen. Nach wenigen Metern weisen uns dann Schilder nach links auf einen Sandpfad, der uns zum Dachlmoosweg bringt, dem wir nach rechts folgen müssen, um wieder zur Struber Kirche zurück zu gelangen.

Ausblick zum Hohen Göll

Maximiliansreitweg & Kastensteinerwand

Dort, wo früher der König Maximilian entlang ritt, können wir heute einen wunderbar aussichtsreichen Spaziergang oberhalb von Bischofswiesen genießen. Um tatsächlich die schönsten Passagen des Maximiliansreitwegs zu erleben, aber nicht alles zurückgehen zu müssen, nutzen wir eine kurze Busfahrt.

📍 Bischofswiesen, Parkplatz Aschauerweiher Bad, Bushaltestelle Umgehungsbrücke an der Berchtesgadener Straße in Bischofswiesen-Stanggaß, dann Runde von dort starten

🕐 2 ½ Stunden: zur Bushaltestelle Umgehungsbrücke 25 Min. – Busfahrt bis zur Siedlung Winkl – bis zur Abzweigung zur Kastensteiner Wand 30 Min., Aufstieg auf die Kastensteiner Wand 35 Min., zum Parkplatz Aschauerweiher Bad 1 Std.

Vom Parkplatz wenden wir uns zurück zur Straße und gehen nach rechts auf dem Wanderweg neben der Straße, der bald auf die andere Straßenseite wechselt. Kurz darauf überqueren wir eine Straße und nehmen den gegenüber beginnenden Reitweg (Ausschilderung „Bischofswiesen über Reitweg"). Die kleine Straße geht in einen kiesigen Wanderweg über,

Blick vom Hochgartdörfl auf Watzmann und Hochkalter

der uns zur Berchtesgadener Straße bringt. Rechts erreichen wir nach 50 Metern die Bushaltestelle „Umgehungsbrücke" und fahren mit dem Bus Richtung Bad Reichenhall bis zur Haltestelle „Winkl Siedlung".

Wir gehen durch die Straßen der Siedlung nach oben (in der Gerhart-Hauptmann-Straße kurz links und dann wieder rechts). So gelangen wir zur Hans-Kudlich-Straße, wo wir uns nach rechts wenden und dadurch auto-

 7,6 km   318 Hm

   Abschnitt oberhalb des Aschauer Weihers ❄

🍴 Kastensteinerwand Alm, Aschauer Wirt (während der Schwimmbad- und der Langlaufsaison)

matisch auf den Maximiliansreitweg stoßen. Nach etwa einer halben Stunde auf diesem bequemen Wanderweg zweigt links ein Pfad zur Kastensteiner Wand ab, der uns in zahlreichen Kehren zu einem schönen Aussichtspunkt und dem Gasthaus Kastensteinerwand Alm bringt.

Nach einer eventuellen Rast auf der schönen Terrasse steigen wir über den Fahrweg wieder hinab zum Maximiliansreitweg, wo es nach links weitergeht. Anfangs im leichten Auf und Ab, dann aber wunderschön entspannt oberhalb großer Weideflächen, die im Winter als Langlaufzentrum genutzt werden, und mit einem herrlichen Watzmannblick gehen wir zurück zum Aschauerweiher Bad-Parkplatz. Diesen erreichen wir, wenn wir, den Schildern folgend, dreimal rechts abzweigen.

Kastensteinerwand Alm

Variante

Wer den steilen Abstecher zur Kastensteiner Wand scheut, kann einfach auf dem Maximiliansreitweg bleiben und braucht etwa eine halbe Stunde weniger für diesen Spaziergang, hat allerdings auch zwischendurch keine Einkehrmöglichkeit.

Am Maximiliansreitweg

Loipl

Eine stille Hochebene mit blühenden Wiesen und altehrwürdigen Bäumen – der Bischofswieser Ortsteil Loipl eignet sich hervorragend für eine Runde, die zum Teil auch mit Kinderwagen oder aber im Winter gut zu bewältigen ist.

📍 Bischofswiesen, Parkplatz Klaushäusl (von der B 20 Richtung Campingplatz Winkl-Landthal abzweigen, dann gleich rechts halten und ca. 1,5 km bis zum gekennzeichneten Wanderparkplatz fahren), Bushaltestelle Sellboden, von dort ca. 25 Minuten zusätzlicher Fußweg (nur Hinweg)

🕐 Knapp 3 Stunden: Zur Loipler Kirche 45 Min., zur Abzweigung Am Unterholz 15 Min., über Unterholz und Klemmsteinweg zurück zur Kirche 40 Min., Campingplatz Winkl 50 Min., Parkplatz Klaushäusl 20 Min.

Blick auf „Schlafende Hexe"

Vom Parkplatz aus halten wir uns weiter in Fahrtrichtung nach vorne und biegen nach 600 Metern links in den Wanderweg Richtung Loipl Kirche („Rund um den Burgstallkopf") ab und überqueren den Frechenbach mittels einer Brücke.

Der Waldwirtschaftsweg wird bald schmäler und führt uns am Burgstallkopf entlang. Dort, wo der Weg nahezu eben wird, haben wir einen schönen Blick Richtung Watzmann und Hochkalter. Bei der kurz darauf folgenden Wegkreuzung halten

LOIPL

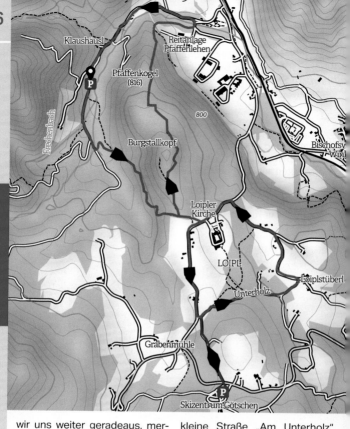

wir uns weiter geradeaus, merken uns aber diese Stelle für den Rückweg. Etwas weiter unten bringt uns der schmale Weg halblinks zur kleinen Loipler Kirche, neben der ein paar Bänke und ein Brunnen zur Rast einladen. Dann gehen wir rechts die Straße entlang, bis links die kleine Straße „Am Unterholz" abzweigt (Wegweiser ein kleines Stück weiter vorne in dieser Straße). Dieser kleinen Straße folgen wir und halten uns an zwei Weggabelungen nach links, ohne uns von der ausgeschilderten Richtung „Bischofswiesen" irritieren zu lassen.

 8,6 km   313 Hm   für Kinder geeignet (vor allem Variante)

 nur Variante   Götschenalm (bei Variante oder als Abstecher)

Dort, wo wir auf eine asphaltierte Straße, den Klemmsteinweg, treffen, wenden wir uns nach links, jetzt der Ausschilderung „Loipl Kirche" folgend. Nachdem wir die schöne freie Landschaft mit den vielen alten Bäumen und offenen Wiesen genossen haben, gelangen wir zu einer Straßenkreuzung, wo wir leider ein kurzes Stück entlang der Straße nach links aufwärts zur Loipler Kirche zurückgehen müssen. Nach der Kirche gehen wir rechts das bereits bekannte Verbindungsstück zur Weggabelung zurück, wo wir dann aber den rechten Zweig des Rundwegs um den Burgstallkopf wählen.

Unten treffen wir auf den Kläushäuslweg, den wir nach links aufwärts bis zu unserem Parkplatz zurücknehmen. Busfahrer halten sich jedoch rechts und erreichen kurz darauf die Bushaltestelle Sellboden.

Variante

Die komplette Runde ist auch im Winter oft ausgetreten, außer es liegt sehr viel Schnee. Dann und auch mit einem Kinderwagen kann man eine verkürzte Variante wählen: Als Parkplatz empfiehlt sich der Parkplatz des Skigebietes Götschen, dann überquert man die Straße und geht unterhalb des kleinen Kollerlifts einen Sandweg entlang, der in das Sträßchen „Am Unterholz" und somit in die beschriebene Runde einmündet.

Loipler Kirche

Engedey & Söldenköpfl

Sehr variabel lässt sich eine Runde durch den Bischofswieser Ortsteil Engedey gestalten: Während man im Sommer eher abwechslungsreiche Steige auswählt, kann man im Winter auf geräumte kleine Straßen ausweichen. Auch im Winter wird der Wanderweg zum Söldenköpfl, einem sonnig gelegenen Bergrestaurant mit grandioser Aussicht, geräumt.

📍 Bischofswiesen, Parkplatz Engedey-Ilsank, Ecke Ramsauer Straße (B 305) und Duftberg, Bushaltestelle Ilsank

🕐 3 ½ Stunden: über SalzAlpenSteig zur Bachmannkapelle 30 Min., zum Söldenköpfl 1 Std., Abstieg zur Bachmannkapelle 45 Min., über den Vierradweg nach Bischofswiesen-Strub 30 Min., Abstieg zum Stangerwald und Rückweg über den Ramsauer Achenweg 45 Min. (verkürzbar auf 1 ¾ Std., wenn man den Abstecher zum Söldenköpfl weglässt)

Wir überqueren die große Bundesstraße B 305 nach schräg rechts und gehen dort in den Bachmannweg, auf dem wir ein kurzes Stück (bis zur zweiten Kurve) aufwärts gehen.

Um den weiteren Aufstieg nicht entlang der steilen Straße, son-

Bachmannkapelle mit Watzmannblick

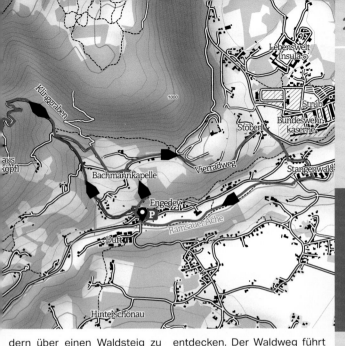

dern über einen Waldsteig zu meistern, folgen wir jetzt den Ausschilderungen des SalzAlpenSteigs Richtung Söldenköpfl: Wir gehen nicht nach links auf der Straße weiter, sondern nach rechts (Richtung Stangenwald) und dann kurz darauf (gleich nach Beginn des breiten Sandwegs) nach links oben durch die Wiese zwischen den Holzstößen in einen schmalen Steig, wo wir bald wieder die Zeichen des SalzAlpenSteigs

entdecken. Der Waldweg führt uns hinauf zum Vierradweg, wo

Heil-Ziest am Wegesrand

 8,6 km 447 Hm

 Söldenköpfl

wir uns links halten. Kurz darauf – auf dem höchsten Punkt der Straße – lohnt sich ein Abstecher zur Bachmannkapelle, die einen schönen weiten Blick auf Watzmann und Hochkalter ermöglicht.

Gegenüber beginnt ein ausgeschilderter Weg Richtung Söldenköpfl, der in den Klinggraben mündet, wo uns rechts eine steile, anfangs noch geteerte Straße aufwärts bringt. Während der Weg durch den Graben nahezu aussichtslos ist, begeistert uns die Berggaststätte Söldenköpfl mit einem grandiosen Weitblick. Wir steigen auf dem gleichen Weg wieder zurück bis zur Bachmannkapelle hinab und gehen dann links auf dem Sträßchen „Vierradweg" durch malerische Wiesenlandschaften und herrliche alte Baumbestände, bis die kleine Straße auf der Bundesstraße B 20 endet.

Dort müssen wir – uns rechts haltend – nur wenige Meter auf einem Bürgersteig neben der Bundesstraße zurücklegen, bis rechts ein Steig abgeht, der uns - zuletzt durch eine Häusergruppe – hinab zum Stangenwald, einem kleinen Wohn- und Gewerbegebiet, bringt.

Zwei Abzweigungen Richtung Engedey-Ilsank (über Soleleitungsweg und über die Straße)

Am Söldenköpfl

Rückweg an der quirligen Ramsauer Ache

ignorieren wir, obwohl dieser Ortsteil unser Ziel ist. Wir wollen aber den Rückweg entlang der Ramsauer Ache nehmen, daher halten wir uns weiter Richtung Stangenwald, queren die Bundesstraße (B 305) mit Hilfe der Querungsinsel, gehen einfach neben den Gebäuden einer Bäckerei durch, queren die Straße und halten uns dann rechts auf dem kleinen Trampelpfad zwischen Straße und Ramsauer Ache. Wir queren erneut eine Straße und steigen auf der anderen Seite rechts neben der Brücke ein in den wirklich schönen Weg entlang der Ramsauer Ache, der uns zurück zu unserem Parkplatz bringt.

Variante
Auch im Winter lohnt sich diese Wanderung auf der sonnenzugewandten Seite: Doch wählen wir dann besser den Aufstieg entlang der kleinen Straße „Bachmannweg" und informieren uns vorab, ob das Söldenköpfl geöffnet hat, denn nur dann ist der steile Aufstieg dorthin geräumt.

Wimbachgries

Das Wimbachtal, markant eingerahmt von Watzmann und Hochkalter, bietet gleich mehrere Höhepunkte: Eine kurze, aber imposante Klamm, ein ehemaliges Jagdschloss, das sich als Raststation bestens eignet, und die ungewöhnliche Landschaftsform mit den breiten Schuttströmen.

📍 Ramsau, Parkplatz und Bushaltestelle Wimbachbrücke an der Alpenstraße zwischen Berchtesgaden und Ramsau

🕐 3 Stunden, mit Abstecher fast 4 Stunden: Anstieg zur Wimbachklamm 20 Min., Durchquerung der Klamm 15 Min., zum Wimbachschloss 1 ¼ Std., Abstecher zum Aussichtspunkt im Gries (jeweils 25 Min. hin und zurück), Rückweg ab Wimbachschloss 1 ¼ Std.

Wimbachklamm

Wir folgen der gut ausgeschilderten schmalen Fahrstraße Richtung Wimbachklamm und lösen eine Zutrittsmarke beim letzten Bauernhof (Wollstadl, rechts). Vor allem, wenn viel Wasser fließt – etwa zu Zeiten der Schneeschmelze oder nach Regentagen – beeindruckt die Klamm mit ihren wilden Strudeln, den engen Schnellen und den unzähligen kleinen Was-

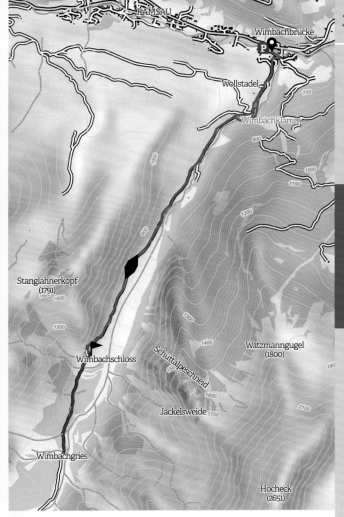

 8,6 km 447 Hm

  ohne die Wim-
bachklamm 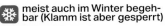 meist auch im Winter begehbar (Klamm ist aber gesperrt)

 Wimbachschloss, Wirtshaus Hocheck oberhalb
des Parkplatzes, Gasthof Wimbachklamm

serfällen an den Felswänden. Selbst bei Regenwetter kann man die Wimbachklamm ohne Bedenken gehen, da ihre hölzernen Stege mit Trittbrettern und Geländern gut gesichert sind.

Nach der Klamm stoßen wir wieder auf den breiten Wanderweg, der uns mit leichter stetiger Steigung ins Tal hinein bringt. Kinder und auch neugierige Erwachsene finden rechts und links des Weges kleine Pfade,

Historisches Wimbachschloss

Schuttstrom im Wimbachgries

Morgendlicher Blick zu den Palfenhörnern

so dass sie etwas mehr Abwechslung in den Spaziergang bringen können.

Eine gute halbe Stunde nach dem Austritt aus der Klamm lohnt es sich, einen Abstecher zum Bach hin zu machen: Dort entdeckt man, wie der Wimbach aus dem Schotterbett austritt. Denn ein langes Stück fließt der Wimbach unterirdisch unter dem lockeren Gesteinsstrom, dem ständig sich wandelnden Gries. Daher hören wir nach dieser Stelle den Bach auch nicht mehr, während wir weiter Richtung Wimbachschloss gehen. Der Name Wimbachschloss scheint zunächst nicht zu dem einfachen Gaststätten-Gebäude zu passen, doch Informationstafeln klären auf, dass die königlichen Hofjagden diesen Namen rechtfertigen. Vom breiten Schuttstrom kann man sich einen guten Eindruck verschaffen, wenn man nach dem Wimbachschloss noch etwa 25 Minuten lang dem Wanderweg Richtung Wimbachgrieshütte folgt, dann aber nicht rechts in den schmaleren Wanderweg abzweigt, sondern stattdessen noch ein kurzes Stück dem (unausgeschilderten) breiteren Weg folgt. Plötzlich steht man inmitten dieser unwirtlichen Landschaft und hat einen freien Blick auf die zackigen Palfenhörner, die das Tal gegen Süden abgrenzen. Der Rückweg führt dann wieder am Schloss vorbei und entlang des breiten Wegs und der kleinen Teerstraße zum Parkplatz zurück.

Rote Stendelwurz

Ramsauer Dorfkern & Kunterwegkogel, 856 m

Dass ein Ort, der das Prädikat Bergsteigerdorf trägt, mit großartiger Alpenkulisse aufwartet, scheint selbstverständlich. Dass jedoch auch kunsthistorische Kleinode wie die Pfarrkirche St. Sebastian und vor allem die Rokoko-Wallfahrtskirche Maria am Kunterweg diese Rundtour durch die Ramsau bereichern, überrascht so manchen. Der Weg über den Kunterwegkogel mit seiner ungewöhnlichen Blütenpracht sorgt für weitere Abwechslung.

📍 Ramsau, Parkplatz und Bushaltestelle Neuhausenbrücke

🕐 Gut 2 Stunden: Zum Bergkurgarten 5 Min., Runde durch den Bergkurgarten 10 Min., zur Pfarrkirche St. Sebastian 10 Min., zur Kunterwegkirche 20 Min., auf den Kunterwegkogel 30 Min., Abstieg bis Hochgart und Querung zum Schluchtweg 40 Min., Rückweg zur Neuhausenbrücke 10 Min.

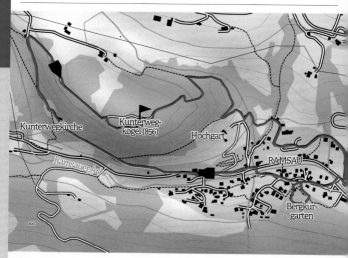

Wir gehen über die Neuhausenbrücke und nehmen die Straße namens „Riesenbichl" Richtung Ortsmitte. Bereits nach fünf Minuten zweigen wir links ab in den wirklich lohnenden Bergkurgarten, wo nicht nur interessante Beete mit unzähligen Blüten- und Heilpflanzen attraktiv scheinen, sondern auch eine

Kneippanlage und ein Gradierwerk. Gradierwerke dienten ursprünglich der Salzgewinnung: Das salzhaltige Wasser, die Sole, wurde durch gebündelte Äste geleitet, damit Wasser verdunstete und die Sole konzentrierter wurde. Dass die feuchte, salzhaltige Luft die Lungen befreit, wurde erst später entdeckt.

Nach der Runde durch den Bergkurgarten gehen wir weiter auf dem Sträßchen „Riesenbichl"

 4,9 km   224 Hm

 Ortszentrum, Pfarrkirche, Friedhof und Kunterwegkirche  Bergsteiger-Café, Ghf. Oberwirt, Café Ertl

und erblicken schon bald den barocken Turm der berühmten Kirche St. Sebastian, der zusammen mit der dahinterliegenden Reiteralm-Kulisse ein berühmtes Fotomotiv darstellt. Links des Wegs und auch kurz darauf etwas unterhalb entdecken wir nachgebildete Malerstaffeleien, die Landschaftsbilder aus dem 19. Jahrhundert zeigen, die genau aus dieser Perspektive entstanden sind. Denn die Ramsau war ebenso wie der Königssee und der Hintersee bei den Landschaftsmalern sehr beliebt, wie noch weitere Staffeleien belegen, die uns während der Rundtour begegnen.

Wallfahrtskirche Maria am Kunterweg

Wir verlassen die Straße und nehmen den Sandweg hinunter zum Holzsteg, überqueren die Ramsauer Ache und die Straße und gehen links durch das Tor in den bereits 1658 angelegten, denkmalgeschützten Friedhof. Nachdem wir diesen harmonischen kleinen Friedhof durchquert haben, gehen wir links an der Kirche vorbei und betreten diese durch ihr Westportal. Ursprünglich als gotische Kirche im 16. Jahrhundert erbaut, wurde diese Kirche – wie so viele in Bayern – etwa 1700 barockisiert. Aus dieser Zeit stammen der schwere Hochaltar und die reich geschmückte Kanzel. Auch der hohe Westturm in der typischen barocken Zwiebelform entstand in dieser Zeit. Kunsthistorisch wertvoll sind die zwölf Apostelfiguren, die bereits in der ersten Hälfte des 15. Jahrhunderts geschnitzt wurden, also älter als die Kirche selbst sind.

Nachdem wir die Kirche wieder verlassen haben, gehen wir einige Meter der Straße entlang, vorbei am Haus Saxen, das bereits 1632 urkundlich erwähnt wurde und bis auf den heutigen Tag die Ortsdurchfahrt einengen darf. Wir passieren den Oberwirt und gehen dann in den Sandweg unter-

Rotes Waldvöglein

halb des Gästehauses Oberwirt hinein. Dort stoßen wir auf die Pletzer-Kapelle, die durch ihr vorkragendes Dach auffällt. Diese Kapelle diente in früheren Jahren als Station auf dem Leichenzug, dort wurde innegehalten und gebetet. Die kurz darauf auftauchende Kalvarienbergkapelle bildet die Kreuzigungsszene in fast lebensgroßen Figuren im Stile des Rokoko ab.

Dort beginnt der Weg der 15 Rosenkranz-Geheimnisse, ein Stationsweg, der uns zur Wallfahrtskirche Maria am Kunterweg bringt. Die Rokoko-Kapelle ist ein Zeugnis der Marienverehrung im 18. Jahrhundert und besticht zum einen durch die architektonische Anlage mit ihren halbkreisförmigen, turmgekrönten Vorbauten zu beiden Seiten. Das Kircheninnere glänzt durch kunstfertige Gemälde, aufwendige Stuckarbeiten, goldverzierte Kapitelle und Figuren – wahrlich ein Kleinod mit kunsthistorisch hohem Wert. Wir gehen ein Stück weiter vor,

wenden uns dann nach rechts (Richtung Kunterwegkogel) und nach knapp 200 Metern wieder nach rechts. Bei der (unausgeschilderten) Weggabelung bleiben wir ebenfalls rechts, erreichen bald den Abzweiger zum Kunterwegkogel, wohin uns ein schmaler Pfad und eine Treppenanlage bringen. Zwar haben wir hier oben auf 856 Metern Höhe keinen Rundumblick, können aber zwischen den Bäumen hinüber zu Steinberg und Schärtenspitze und auch zur Watzmann-Westwand spähen und zudem einige seltene Blütenpflanzen an der Kante und auf dem steilen unwegsamen Hang unterhalb erblicken. Vor dem Sendemast geht links ein kleiner Pfad abwärts. Sobald wir wieder auf den breiteren Hauptweg treffen, halten wir uns rechts und steigen über einige steile Stufen hinab und gehen über einen schmalen Pfad an dem steilen Hang des Pletzergrabens entlang.

Wenn wir aus dem Wald herauskommen, halten wir uns links und gehen entlang der Wiese oberhalb des Anwesens Hochgart. Wir stoßen auf eine kleine Straße, gehen jedoch nicht dort hinunter, sondern links auf einen Weg, der uns über zwei Brücken hinab in die Schlucht des Schwarzecker Bachs führt. Dort geht schräg oberhalb ein Weg ab Richtung Neuhausenbrücke, der uns unterhalb des großen Hotels Rehlegg zurück zu unserem Ausgangspunkt führt.

Zauberwald, Hintersee & Wartstein, 893 m

Die Wanderung zum Hintersee führt durch den verwunschenen Zauberwald, der durch einen Felssturz vor etwa 5000 Jahren entstand. Auch der Hintersee, umrahmt von hohen Felswänden, gilt im wahrsten Sinne des Wortes als „malerisch" – er zog früher viele Maler an und liefert heute beliebte Fotomotive. Als schnell zu erreichender Gipfel oberhalb des Sees bietet der Wartstein lohnende Tiefblicke.

📍 Ramsau, Parkplatz Pfeiffenmacherbrücke (am Ortsende Richtung Hintersee), Bushaltestelle Ramsau Oberwirt, von dort etwa 300 Meter ortsauswärts entlang der Ramsauer Ache

🕐 2 ¾ Stunden: Zum Hintersee 1 Std., auf den Wartstein 30 Min., Abstieg und Rückweg in die Ramsau 1 ¼ Std.

Ausblick vom Wartstein (Hoher Göll)

Ein breiter Forstweg führt zunächst ein Stück aufwärts Richtung Gletscherquellen, Zauberwald und Hintersee. Diese breite Forststraße verlassen wir nach gut zehn Minuten und nehmen rechts den etwas schmaleren Weg. Kurz darauf passieren wir die Gletscherquellen, aus denen in den Sommermonaten zwischen den bemoosten Steinen Wasser hervorquillt. Dieses

Wasser entstammt dem Blaueisgletscher, dem nördlichsten Gletscher der Alpen, und gelangt unterirdisch bis hierher. Der Weg durch den Wald stößt auf eine Straße, die wir überqueren.

Kurz darauf können wir rechts auf dem roten Metallsteg einen Blick in die Marxenklamm werfen. Dann gehen wir weiter Richtung Zauberwald, passieren das gleichnamige Wirtshaus und halten uns bei der folgenden Weggabelung links, gehen also geradeaus weiter.

An den folgenden Weggabelungen bleiben wir rechts, um dann nach der Brücke über die Ramsauer Ache nach links in den eigentlichen Zauberwald abzubiegen. Dieser verwunschene Wald mit vielen überwachsenen großen Felsblöcken, zwischen denen sich der Weg durchschlängelt, entstand durch einen Felssturz. Über diesen Weg erreichen wir den Hintersee, wo wir nach rechts abzweigen und die Landschaftsmotive der Maler des 19. Jahrhunderts auf nachgebildeten Staffeleien bewundern können. Dort, wo der schmale Weg entlang des Sees auf eine breitere Sandstraße stößt, gehen wir auf dieser kurz nach links und biegen dann wenige Meter weiter nach rechts ab und wenden uns damit Richtung Wartstein. (Lohnend wäre an dieser Stelle noch etwas weiter am See entlang zu gehen, weil dort die Szenerie sehr beeindruckend wird, und dann wieder zu diesem Punkt zurückzukehren.) Wir gehen ein kurzes Stück steil hinauf und halten uns dreimal rechts, um auf den Wartstein-Gipfel (893 m) zu gelangen. Von dort aus stei-

 7,7 km  285 Hm

🏛 Wallfahrtskirche Maria am Kunterweg

🍴 Gasthaus im Zauberwald, Gasthäuser am Hintersee

gen wir nur ein kurzes Stück auf dem gleichen Weg wieder ab und halten uns dann rechts Richtung Ramsau.

Sobald wir aus dem Wald heraustreten, nehmen wir den Pfad rechts am Waldrand entlang, der an Sitzbänken vorbeiführt und dann im Bogen auf die Triebenbachstraße hinunter führt. Dort halten wir uns rechts und beim Bindenkreuz, einer Kreuzung mit einer interessanten Wegweiser-Säule, wieder rechts. Etwa 100 Meter weiter geht es ausgeschildert nach links Richtung Kunterwegkirche und Ramsau. Nachdem wir den Weg entlang des nahezu klammartigen Lattenbachs genossen und die reich ausgestattete Wallfahrtskirche aus dem 18. Jahrhundert Maria am Kunterweg gebührend bestaunt haben, gelangen wir an die Ramsauer Hauptstraße „Im Tal", der wir noch etwa 300 Meter nach rechts folgen müssen, um zum Parkplatz zurückzukehren.

Hintersee

Meine Therme. Meine Zeit.

Für Gipfelstürmer

Ab auf den Berg, dann in die Therme.
Neben den zahlreichen Wasserattraktionen können
Sie sich in unserem großzügigen **Saunagarten**
oder im **Solebereich** entspannen, oder sich bei einer
wohltuenden Massage verwöhnen lassen.

Eintauchen,
Spaß haben,
und entspannen.

Aufgrund behördlicher Vorgaben kann es zu Einschränkungen
im Leistungsangebot kommen!

www.watzmann-therme.de

Hintersee & Halsalm, 1.200 m

Der Hintersee mit seiner malerischen Lage inmitten hoher Bergstöcke zog im 19. Jahrhundert die Landschaftsmaler ebenso an wie heute die jungen Reiselustigen auf der Suche nach einem beeindruckenden Instagram-Foto. Da die See-Umrundung nicht viel mehr als eine halbe Stunde in Anspruch nimmt, kombinieren wir diese mit dem Aufstieg zur Halsalm.

 Ramsau, Parkplatz Seeklause kurz vor dem Hintersee, Bushaltestelle Hintersee / Zauberwald

 3 ¾ Stunden: entlang des Hintersees bis zum CVJM-Hostel 30 Min., Aufstieg zur Halsalm 1 ½ Std., Abstieg über die Halsgrube zum Klausbachhaus 1 ¼ Std., Rückweg entlang des Hintersee-Südufers 30 Min.

Beim Parkplatz überqueren wir zunächst die Straße und dann die Seeklause, die den Abfluss des Hintersees in die hier beginnende Ramsauer Ache reguliert. Am Ostufer des Sees genießen wir den gigantischen Ausblick auf die Wände der Reiteralm und können anhand der aufgestellten Staffeleien erkunden, wie diese Landschaft bereits vor 200 Jahren die Maler begeisterte.

Wir folgen dem als Malerrundweg titulierten Weg, indem wir uns bei allen Abzweigungen links halten und gelangen so zu einer kleinen Straße, an der eine Reihe von Hotels und Gaststätten liegen. Hinter dem holzver-

HALSALM

Halsalm vor den Gipfeln der Reiteralm

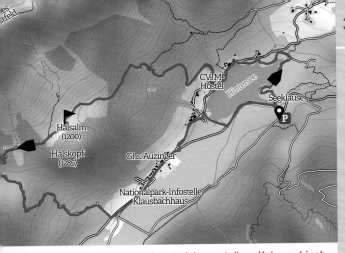

kleideten großen Hostel zweigt ein ausgeschilderter Weg nach rechts Richtung Halsalm ab. Nach etwa 45 Minuten Aufstieg treffen wir auf einen Wanderweg, dem wir nach links folgen. Anfangs noch mit stetiger Steigung, dann aber auf eher flachem Pfad bringt uns der Weg am Hang entlang zum wunderbar auf 1.200 Meter Höhe gelegenen offenen Almgelände.

Rechts ragen die Wände des Hohen Gerstfelds auf, links erblicken wir den Halskopf, der aber von keinem Weg erschlossen ist. Für den Abstieg gehen wir an der Alm vorbei und nehmen die Almzufahrt. Diese führt durch die etwas flachere Halsgrube und dann in zahlreichen steilen Kehren hinab. Unten treffen wir auf eine asphaltierte Straße, der wir nach links folgen. Das links liegende Klausbachhaus ist als sehenswerte Nationalpark-Informationsstelle gestaltet und lädt ein zu interaktiven Ausstellungen über die Almwirtschaft und die Adler im Nationalpark. Nach der Schranke gehen wir die Straße entlang, halten uns bei der Gabelung nach links, um dann kurz darauf rechts unseren Rundweg um den See zu vollenden.

Im Winter ist der Hintersee übrigens häufig zugefroren und die Sonne scheint nachmittags relativ lange in den Einschnitt zwischen Hochkalter und Reiteralm.

 9,0 km   485 Hm

 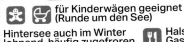 für Kinderwägen geeignet (Runde um den See)

 Hintersee auch im Winter lohnend, häufig zugefroren

Halsalm, Ghs. Auzinger, Gasthäuser am Hintersee

Klausbachtal mit
Bindalm, 1.100 m & Ragertalm

Das Klausbachtal zwischen den mächtigen Wänden des Hochkalter-Gebirgsstocks und der Reiteralm ermöglicht, tief in den Alpen-Nationalpark vorzudringen, ohne schwierige Wegpassagen oder allzu große Anstrengungen auf sich zu nehmen. Zumal wir – bei Bedarf – die Tour durch eine Fahrt mit dem Almerlebnisbus abkürzen können.

📍 Ramsau, Parkplatz Hintersee-West, Bushaltestelle Hirschbichlstraße

🕐 Gut 4 Stunden: zur Hängebrücke 1 Std., zur Engert-Holzstube 20 Min., zur Bindalm 45 Min., Rückweg zur Hängebrücke 50 Min., zur Abzweigung Ragertalm 15 Min., Abstecher zur Ragertalm 20 Min. (hin- und zurück), zum Parkplatz 40 Min.

Nationalpark-Infostelle Klausbachhaus

Nach wenigen Metern auf der Fahrstraße biegen wir links in den Fußweg ein und gehen durch lichte Waldweiden gemütlich in das Tal hinein.

Falls wir im Mai oder Anfang Juni unterwegs sind, können wir nach etwa 45 Minuten – ein kurzes Stück nach der Abzweigung zur Ragertalm – links in einem eingezäunten Areal und stellenweise auch rechts des Wegs ganze Bündel von Frauenschuh-Blüten, einer seltenen Orchideenart, bewundern.

Dann wird der Weg kurzzeitig

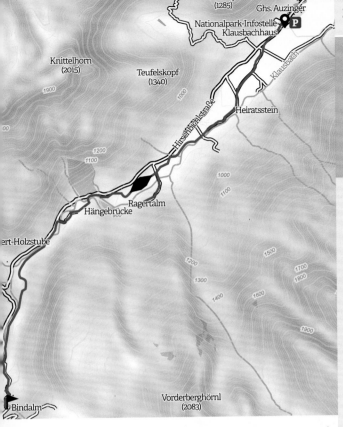

steiler und verläuft nahe der Straße, die der Almerlebnisbus nutzt. Wir erreichen und überqueren eine spektakuläre Hängebrücke, die das wilde Bachtal überspannt.

Danach geht unser Weg auf einem Holzsteg unterhalb einer steilen Felswand weiter, wir gehen ein Stück aufwärts und wieder abwärts und gelangen dann über eine Brücke zur En-

 14,2 km 441 Hm

  für Kinderwägen geeignet

im Winter wegen Wildfütterung attraktiv

  Bindalm, Ragertalm, Gasthaus Auzinger (kurz nach dem Parkplatz Richtung Hintersee)

Hängebrücke vor den „Ramsauer Dolomiten"

gert-Holzstube, einer Nationalpark-Informationsstelle, wo
gegenüber einige Sitzgruppen
zum Rasten einladen. Das letzte
Stück führt zunächst durch den
Wald und dann über offenes
Almgelände mit herrlicher En-
zian- und Mehlprimel-Pracht (im

Mai/Juni) zur 1.100 Meter hoch gelegenen Bindalm, wo zwei Almkaser zur Brotzeit einladen. Der Rückweg erfolgt auf dem gleichen Weg, etwa 15 Minuten nach der Hängebrücke lohnt ein Abstecher nach rechts zur Ragertalm, wo selbstgebackener Kuchen und Brotzeiten auf uns warten.

Kurz vor dem Parkplatz liegt links das Klausbachhaus, ebenfalls eine Nationalpark-Informationsstelle, die interaktive Ausstellungen über die Almwirtschaft und die Adler im Nationalpark bereithält.

Frauenschuh

Ragertalm

Tipp

Im Winter ist das Klausbachtal wegen seiner Wildfütterung, die man von hölzernen Aussichtsgalerien bewundern kann, lohnend. Je nach Schneelage geht man entweder eine knappe halbe Stunde für die jeglichen Verkehr gesperrte Straße entlang (oder fährt gar mit einem Pferdeschlitten) oder stiefelt über den Fußweg und quert dann (ausgeschildert) nach rechts zur Wildfütterung.

Hirschbichlpass mit Litzlalm, 1.325 m & Bindalm

Den Hirschbichlpass, einen Grenzpass zwischen dem Berchtesgadener Land und dem salzburgischen Pinzgau, haben Salzsäumer bereits im Mittelalter genutzt. Heute ist er komplett für den Autoverkehr gesperrt, doch bringt uns der Almerlebnisbus in die herrliche Almenregion im Alpen-Nationalpark.

Ramsau, Parkplatz und Bushaltestelle Hintersee-West, Fahrt mit dem Almerlebnisbus bis zum Hirschbichl

2 Stunden: Litzlalm 45 Min., Rückweg zum Hirschbichl 45 Min., Bindalm 15 Min., Bushaltestelle Bindalm 15 Min.

Jausenstation auf der Litzlalm

Nach dem Ausstieg aus dem Bus bleiben wir auf der Straße und gehen am Gasthaus Hirschbichl vorbei und können dann auch einen getretenen Weg rechts neben der Straße nutzen, um zum tatsächlichen Hirschbichlpass auf 1.179 Metern zu gelangen. Dort wählen wir rechts den Waldweg, der als „Abkürzung" zur Litzlalm aus-

geschildert ist. Auf der Alm angekommen, gehen wir auf der Almstraße nach rechts.
Dort beeindrucken der Ausblick auf die Berge der Reiteralm und des Hochkalterstocks und die urige Jausenstation auf 1.325 Metern Höhe.
Zum Abstieg wählen wir den weiteren Verlauf der Almstraße, können eine Kurve mittels ei-

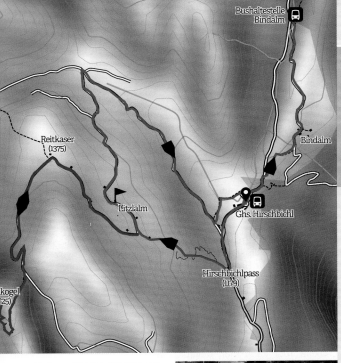

nes kleinen Steigs (rechts gegenüber eines Holzschildes) abkürzen und gelangen auf der Sandstraße zurück zum Hirschbichl. Noch bevor wir aber die Teerstraße erreichen, wenden wir uns nach links auf einen mit grünen Tafeln ausgeschilderten „Natur kennt keine Grenzen"-Weg, der uns an einigen interessanten Schautafeln, Figuren und Experimentierstationen vor-

Erlebnisweg

bei auf die Straße bei der Bushaltestelle bringt. Jetzt folgen wir der Straße abwärts, passieren die Schranke und biegen

 5,2 km 196 Hm

für Kinderwagen geeignet (dann die Almstraße auch für den Anstieg zur Litzlalm wählen, ca. 15 Min. länger)

Litzlalm, Bindalm, Gasthaus Hirschbichl, Gasthaus Auzinger in der Nähe des Parkplatzes Hintersee-West

Blick zur Reiteralm mit Hirschbichlkamm

nach etwa fünf Minuten rechts Richtung Bindalm ab. Dieses Almgelände ist vor allem im späten Frühling eine Schau, wenn die Wiesen von Enzianen nur so strotzen. Im Almsommer laden zwei Kaser zur Brotzeit ein. Ein Sandweg bringt uns dann hinab zur Bushaltestelle „Bindalm", die sich jenseits einer Brücke links vom Weg befindet.

Varianten

Diese Tour kann man beliebig ausbauen: Oberhalb der Litzl-alm (auf der Almstraße zurück Richtung Waldweg und dann rechts hinauf), lohnt sich die Aussicht bei einem schönen Marterl beim Reitkaser. Ein etwa einstündiger Wanderweg führt dort weiter auf den 1.625 Meter hohen Litzlkogl (ausgeschildert).

Zudem könnte man Teilstrecken des Hin- und Rückweges statt mit dem Bus zu Fuß zurücklegen. Besonders lohnend ist das Stück zwischen Bindalm und der Hängebrücke.

Gipfelkreuz Litzlkogel mit Ausblick zum Kammerlinghorn

Ramsauer Schluchtweg & Soleleitung

Der Soleleitungsweg zieht sich fast eben an sonnigen Hängen entlang. Ein steiler, aber sehr reizvoller Zustieg ab dem Bergsteigerdorf Ramsau gibt der Tour einen etwas sportlicheren Charakter.

📍 Ramsau, Parkplatz und Bushaltestelle Neuhausenbrücke

🕐 3 ¾ Stunden: Über den Schluchtweg zum Zipfhäusl am Soleleitungsweg 1 Std., entlang des Soleleitungswegs nach Gerstreit 45 Min., Abstieg zur Wimbachbrücke 1 ¼ Std., Rückkehr in die Ramsau 40 Min.

Wir überqueren die Neuhausenbrücke hinter dem Parkplatz und gehen über die Straße namens „Riesenbichl" Richtung Ramsau Ortsmitte. Bald gewinnen wir die bekannte Perspektive von der Ramsauer Kirche vor den Wänden der Reiteralm und überqueren den Fluss mittels des Stegs.

Auf der anderen Seite der Straße startet schräg gegenüber der Schluchtweg, der – seinem Namen entsprechend – in der Schlucht des Schwarzecker Bachs verläuft.

Durch einige Geländer und ausgebaute Stufen ist er gut zu bewältigen. Wir halten uns stets Richtung Zipfhäusl, wobei wir drei Abzweigungen (einmal links Richtung Hochschwarzeck über Möslerlehen und zweimal rechts Richtung Gerstreit) ignorieren.

Im Schluchtweg

SOLELEITUNG

🔘 9,3 km   ↗ 443 Hm   ☆ 🚌 ❄ nur Soleleitung

🏛 Ortszentrum, Kirche und Friedhof in Ramsau

🍴 Zipfhäusl, Bergghf. Gerstreit, Söldenköpfl (bei Variante)

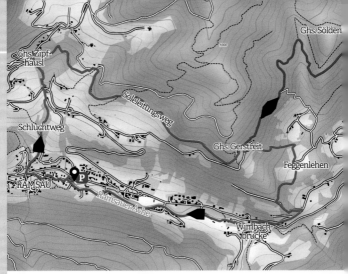

Über viele Stufen, die zuletzt einen Zickzack-Weg bilden, erreichen wir den Soleleitungsweg in unmittelbarer Nähe des Gasthofs Zipfhäusl. Hier biegen wir nach rechts ab und genießen die schöne Aussicht auf Watzmann und Hochkalter und erfahren durch Informationstafeln mehr über Geschichte und Funktion der Soleleitung: Die salzhaltige Sole gelangte bereits zu Anfang des 19. Jahrhunderts über eine Leitung aus Holzrohren (Deicheln) vom Berchtesgadener Salzbergwerk

Original erhaltene Deicheln, die Rohre der früheren Soleleitung

zur Saline nach Bad Reichenhall. Nach einer eventuellen Rast beim Berggasthof Gerstreit gehen wir zu der Zufahrtsstraße unterhalb des Gasthofs hinunter und nehmen dort den Sandweg links von einem Anwesen, der mit einigen Treppen startet. Wir folgen jetzt den Schildern Richtung Wimbachbrücke, biegen nach 20 Minuten rechts in einen schmalen Pfad ein und kommen somit direkt zum Feggenlehen. Dort geht es zwischen dem Haus und einem Kaser rechtsseitig an einem Rücken entlang durch die Wiese weiter.

Wir bleiben auf dem Sandweg, der nochmal einen Schwung nach oben nimmt und dann hinunter zur Kederbacherstraße führt. Dort gehen wir rechts und stoßen kurz darauf auf die Berchtesgadener Straße, die wir schräg nach rechts zur Wimbachbrücke hin überqueren.

Wir passieren die Nationalpark-Informationsstelle und gehen dahinter rechts über den Parkplatz und nehmen einen schmaleren Fußweg auf, der uns entlang der Ramsauer Ache Richtung Ortsmitte zurückführt.

Variante

Wer dem Soleleitungsweg noch weiter folgt, gelangt nach etwa 45 Minuten zum urigen Gasthaus Söldenköpf. Dann muss man allerdings wieder zurückgehen, um die Runde fortzusetzen.

Am Soleleitungsweg

Toter Mann, 1.392 m & Hirscheck

Das ganze Jahr über ist das Hirscheck ein lohnendes, sonniges Wanderziel: Die Wege sind bequem und auch bei Schnee immer ausgetreten. Man kann aber auch von Hochschwarzeck mit einer gemütlichen Sesselbahn hinauf – oder hinunter – fahren oder rodeln. Zur hohen Attraktivität trägt natürlich auch die Bergaststätte Hirschkaser direkt auf dem Gipfel bei. Der Nachbargipfel „Toter Mann" ist nur eine Viertelstunde entfernt und deutlich stiller und romantischer.

📍 Ramsau, Ortsteil Hochschwarzeck, Parkplatz unterhalb der Straße gegenüber dem derzeit geschlossenen Gasthaus Schwarzeck, Bushaltestelle Toter Mann

🕐 3 ½ Stunden: bis zur Abzweigung vom Hauptweg 45 Min., Querung zum Mitterbergsteig 30 Min., Anstieg zum Toten Mann 1 Std., Hirscheck 15 Min., Abstieg 1 Std.

HIRSCHECK

Bezoldhütte am Toten Mann

Oberhalb des Gasthausgebäudes beginnt der Standardanstieg zum Hirscheck, der auf einem breiten sandigen Fahrweg verläuft und bis hinauf zum Gipfel des Hirschecks führt. Wir folgen diesem Sandweg etwa eine Dreiviertelstunde, um dann aber in einer markanten Linkskurve nach rechts abzuzweigen (Ausschilderung „Loipl über Mitterbergsteig" und „Söldenköpfl"). Die vor uns liegende Runde verlangt eine knappe Stunde mehr Zeit und auch den Willen, gut 100 zusätzliche Höhenmeter zu bewältigen, verläuft aber dafür auf ruhigeren

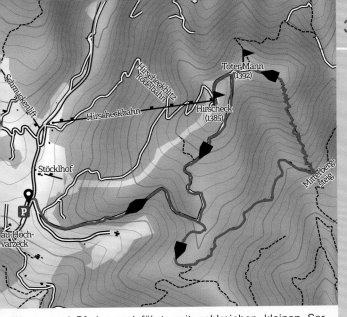

Wegen und Pfaden und führt uns zunächst über den weitaus romantischeren Gipfel des Toten Manns. Wir folgen dem Forstweg nun etwa eine halbe Stunde, die bald auftauchende Abzweigung nach Gerstreit ignorierend. Der breite Waldwirtschaftsweg verläuft leicht abwärts, wodurch wir gut 100 Höhenmeter verlieren. Bei der ausgeschilderten Wegkreuzung treffen wir auf den sogenannten Mitterbergsteig, der uns bis nach Loipl bringen würde. Wir gehen aber nach links oben und erreichen über einen gut hergerichteten Pfad mit zahlreichen kleinen Serpentinen den Gipfel des Toten Manns mit der kleinen Bezoldhütte und vielen Sitzbänken. Zum Hirscheck gelangen wir dann, indem wir ein kleines Stück zurück und dann rechts hinab und gegenüber wieder hinaufgehen. Der Abstieg erfolgt auf der Sandstraße, die zwischen den beiden Gipfeln nach unten abzweigt.

Variante
Anstieg über Sandstraße hinauf und wieder hinunter (insgesamt 2 ½ Stunden, allerdings ohne Gipfel des Toten Manns).

 8,5 km  547 Hm

  Berggaststätte Hirschkaser

Rund um den Schmuckenstein

Wer kleine Pfade liebt, kommt bei diese Tour voll auf seine Kosten: Die Runde um den Schmuckenstein eröffnet schöne Ausblicke und windet sich zunächst zur Mordaualm. Dort laden drei Almkaser zur Brotzeit ein und vor allem im Frühsommer ist die Blumenpracht legendär. Der Rückweg erfolgt dann ebenfalls überwiegend auf schmalen Pfaden.

📍 Parkplatz Hirscheck-Sesselbahn, Bushaltestelle Hochschwarzeck

🕐 3 ¼ Stunden: zur Bergstation des Schmuckenlifts (Beginn des Rundwegs) 30 Min., Weg gegen den Uhrzeigersinn in die Mordau 1 ½ Std., restl. Rundweg zurück bis zum Schmuckenlift 1 Std., Abstieg nach Hochschwarzeck 20 Min.

Almkreuz auf der Mordaualm

SCHMUCKENSTEIN

Wir starten die Wanderung auf der dem großen Parkplatz gegenüber liegenden Straßenseite und gehen zunächst ein kurvenreiches Stück auf der kaum befahrenen Straße „Am Gseng" hinauf. Ausgeschildert zweigt rechts ein Weg ab, der zunächst als breiter Sandweg und dann nur noch als Trittspur durch die Wiesen führt und sich dann oberhalb der Bergstation des Schmuckenlifts teilt.

Wir nehmen den Weg, der geradeaus weiterführt, nicht ohne jedoch nochmal einen Blick auf die wunderbare Aussicht Richtung Watzmann geworfen

Pfad flacher, streckenweise in leichtem Auf und Ab, weiter und führt uns – genau genommen – nicht nur um den Schmuckenstein, sondern auch um den Pfaffenbichl herum, wobei wir beide Gipfel nicht wahrnehmen können. Nachdem sich der Weg wieder Richtung Süden gewendet hat, kommen wir genau bei einer der drei Almhütten der Mordaualm heraus, die in den Weidemonaten Getränke und kleine Speisen ausgeben.

Das Almkreuz mit den umliegenden Bänken lohnt einen kleinen Abstecher, bevor wir das letzte Stück des Rundwegs aufnehmen. Wir halten uns links am Hang entlang, steigen zunächst auf, bis wir den Sattel zwischen

zu haben. Der Weg wird bald schmaler und bringt uns zunächst relativ steil aufwärts, am höchsten Punkt (1.275 m) können wir rechts auf einer Bank eine Pause einlegen und nochmals die Aussicht genießen. Anschließend verläuft der kleine Schmuckenstein und Gsengschneid erreichen und dann über einen breiten Karrenweg Richtung Schmuckenlift absteigen.

Das letzte Stück der Wanderung verläuft auf dem gleichen Weg wie der Anstieg.

 8,7 km   432 Hm   Mordaualm

Soleleitungsweg & Taubensee

Zu allen Jahreszeiten lädt der sonnige Soleleitungsweg, auch Ramsauer Höhenweg genannt, zu schönen Spaziergängen ein. Das Wegstück, das sich nach Nordwesten wendet, lässt sich mit einem Rundweg um den kleinen Taubensee verbinden.

📍 Ramsau, Parkplatz und Bushaltestelle Zipfhäusl an der Schwarzecker Straße

🕐 2 ¾ Stunden: zum Taubensee 1 Std., Umrundung des Taubensees 1 Std., Rückkehr auf dem Soleleitungsweg zum Zipfhäusl 45 Min.

Taubensee mit Hochkalter

Vom Parkplatz aus überqueren wir zunächst die Schwarzecker Straße und steigen auf der gegenüberliegenden Seite in den Soleleitungsweg Richtung Taubensee ein.

Dort wo früher das salzgetränkte Wasser, die Sole, in Holzrohren zur Reichenhaller Saline geleitet wurde, können wir jetzt einen nahezu ebenen, im Winter geräumten Wanderweg oberhalb offener Wiesenlandschaften und durch ein Waldstück genießen. Bei dem Parkplatz in der Nähe der Al-

penstraße bleiben wir oberhalb der Zäune und gelangen so auf einen breiteren Karrenweg, den wir nach etwa 400 Metern nach links verlassen – stets der Ausschilderung des Soleleitungswegs folgend. Der Wanderweg bringt uns in ein Bachtal hinab und auf der anderen Seite wieder hinauf. (Schöner Picknickplatz am Bach, rechts oberhalb der kleinen Brücke!) Bei schönen Ausblicken Richtung Watzmann-Westwand und Blaueisgletscher unterhalb des Hochkalters stoßen wir auf die Alm-

🕐 8,8 km   ↗ 227 Hm

   Soleleitungsweg für Kinderwagen geeignet

🍴 Gasthaus Baltram (kleiner Abstecher bei Taubensee-Runde), Gasthaus Hindenburglinde (bei Variante), Gasthaus Zipfhäusl

straße, die von der Mordaualm herunterkommt, und gehen nach links und durch die Straßenunterführung.

Dieser Waldweg führt uns jetzt zum Taubensee (kleine Aussichtsplattform mit schönem Hochkalterblick!) und um diesen herum. Wir folgen der Ausschilderung „Rund um den Taubensee", gehen ein Stück entlang der Alten Reichenhaller Straße und verlassen diese gleich nach dem Viehrost nach links, kreuzen die Campingplatz-Einfahrt und folgen dem Pfad durch die schöne Buckel-

Fußweg rechts von dem Bauernhof auf, der uns zurück zum Soleleitungsweg bringt.

Nach rechts erreichen wir dann auf vertrautem Weg unseren Ausgangspunkt.

Variante

Wer die Wanderung noch ein wenig ausweiten und den von alten Buchen gesäumten König-Max-Weg genießen möchte, biegt auf der Wiese nach dem Campingplatz nicht nach links ab, sondern folgt dem rechten Weg zurück zur Straße, geht dort nach links und verlässt die

Hochkalter mit den Resten des Blaueisgletschers

wiese, wo im späten Frühjahr Enziane und Mehlprimeln das Herz erfreuen.

Unser Weg zweigt nach links ab, später bleiben wir auf dem Pfad rechts von dem breiteren Kiesweg und gelangen so hinauf zur Alpenstraße. Diese überqueren wir und nehmen gegenüber den

kleine Straße nach etwa 300 Metern nach rechts.

Der König-Max-Weg, den schon der bayerische König Maximilian II. mit seinem Gefolge auf dem Weg vom Bodensee zum Königssee nutzte und der deshalb diesen Namen erhielt, endet an der Triebenbachstraße,

Watzmann-Westwand über
der Gsengschneid

wo wir uns links halten, die Kreuzung namens Bindenkreuz (mit einer auffälligen Wegweiser-Säule) geradeaus überqueren und uns über eine steile Straße (Grasslergasse) nach oben mühen. Wir erreichen die Alpenstraße bei dem Gasthaus Hindenburglinde, gehen ein kurzes Stück entlang der Straße nach rechts und dann auf der gegenüberliegenden Seite über einen Wiesensteig zur Soleleitung zurück.

Am Soleleitungsweg mit Blick
zur Reiteralm

Mordaualm, 1.194 m

Ganz gleich, ob man in den Weidemonaten dorthin aufsteigt – wenn drei Almkaser zur Rast einladen – oder im Frühling, im Herbst oder gar im Winter: Die Mordaualm ist immer den Weg wert. Denn zum einen lockt die herrliche Aussicht auf Watzmann und Hochkalter, zum anderen in den kühleren Monaten die zur Sonne ausgerichtete Lage. Und im Mai und Juni strotzen die Almwiesen vor schönsten Blüten.

📍 Ramsau, Parkplatz und Bushaltestelle Taubensee an der Alpenstraße zwischen Ramsau und Unterjettenberg

🕐 2 ¼ Stunden: Aufstieg über das Pfaffental 1 ½ Std., direkter Abstieg 45 Min.

Brunnen vor Almkaser auf der Mordaualm

Oberhalb der nordostseitigen Parkbuchten beginnt die gut ausgeschilderte Almstraße Richtung Mordaualm, die wir aber bereits nach 200 Metern nach rechts verlassen. Über einen schmaleren Weg gelangen wir in eine kleine Senke (schöner Rastplatz linkerhand!), überqueren die Brücke und steigen hinauf, bis unser Weg in einen Karrenweg mündet. Wir gehen nach links aufwärts und erreichen – eine schöne offene Wiesenlandschaft durchquerend – das Forsthaus im Pfaffental. Hier wenden wir uns jetzt wieder nach links aufwärts und erreichen nach etwa 400 Metern die Almstraße, wo wir rechts gehen. Nach einem kurzen Steilstück durchschreiten wir ein Viehgatter und betreten die weite Almlandschaft, wo in

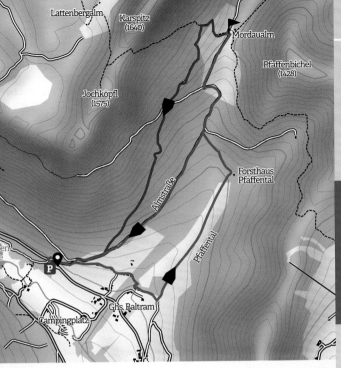

den Weidemonaten drei bewirtschaftete Almhütten auf Gäste warten. Abwärts nehmen wir die Almstraße, die uns directissima zum Parkplatz zurückführt.

Variante

Wer etwas mehr Abwechslung sucht, geht hinter dem unteren Almkaser nach links oben (ausgeschildert sind hier die Lattenbergalm und die Moosenalm), und verlässt diesen Steig dann nach etwa 15 Minuten – etwa 50 Meter nach der Infotafel über die Niederleger/Mitterleger/Hochleger – auf einem unausgeschilderten, aber deutlich erkennbaren Pfad nach links und folgt den Trittspuren im Gras. Diese gehen in einen netten kleinen Waldsteig über, der – nachdem man eine Forststraße gekreuzt hat – als Wirtschaftsweg hinab zum Parkplatz führt.

 6,4 km   376 Hm

 lohnendes Ziel auch im Winter, bei viel Schnee nur Pfaffentalrunde

 Mordaualm (in den Weidemonaten)

Schwarzbachloch & Alm

Ein beeindruckendes Naturschauspiel: Aus dem Schwarz-bachloch, einer tiefen Quellhöhle, entspringt der Schwarz-bach, an dessen Ufer wir anschließend entlang wandern. Wer Bergbäche mag, kommt bei dieser relativ einsamen, auch an Regentagen gut machbaren Tour auf überwiegend bequemen Wegen voll auf seine Kosten.

📍 Ramsau, Parkplatz Schwarzbachwacht, Bushaltestelle „Alpenstraße, Abzweigung Hintersee"

🕐 2 ¾ Stunden: zum Schwarzbachloch 35 Min., zur Schwarz-bachalm 15 Min., entlang des Schwarzbachs bis zur Kuhbrücke 45 Min., Rückweg 1 ¼ Std.

Schwarzbachloch

Wir nehmen die breite Forst-straße, die vom Parkplatz weg leicht abwärts führt und sich nach fünf Minuten teilt. Wir wählen den breiteren rechten Ast und bleiben auf diesem Weg, bis ein Schild nach links zum Schwarzbachloch weist.

Ein schmaler Pfad, der bei Nässe etwas Vorsicht erfordert, führt uns zu einem Aussichts-punkt, wo wir die Quellhöhle des Schwarzbachs bewundern kön-nen. Ein großer Teil des Was-sers, das auf der Hochfläche der Reiteralm versickert und durch die Spalten im Kalkge-stein abwärts fließt, staut sich auf dem undurchlässigen Do-lomitsockel des Gebirges und tritt durch diese Höhle heraus. Vor allem während der Schnee-schmelze oder nach einigen Regentagen beeindrucken die

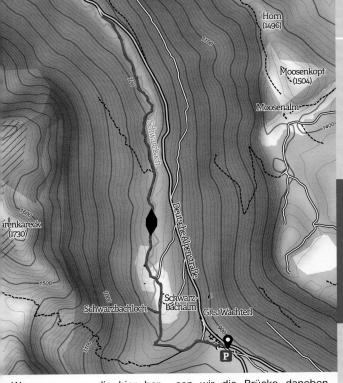

Wassermengen, die hier hervorströmen. Wieder zurück auf der sandigen Almstraße folgen wir dieser weiter abwärts und überqueren den Schwarzbach, der unterhalb einer Art trockenen Furt hindurchfließt.

Nach starkem Regen oder während der Schneeschmelze müssen wir die Brücke daneben nehmen, die für Kinder ein kleines Abenteuer darstellt, aber für Kinderwägen leider ein Hindernis bedeutet, da sie relativ schmal und nur an einer Seite mit einem Geländer gesichert ist. Der Weg führt im weiteren Verlauf über zwei Kilometer di-

 7,8 km   265 Hm

 allerdings teilweise steil und erschwert, falls der Bach viel Wasser führt

Schwarzbachalm (in den Früh- und Spätsommerwochen) und Wirtshaus Wachterl (an der Alpenstraße, bei Rückweg Abzweigung nach links kurz vor Erreichen des Parkplatzes)

rekt an dem Bach entlang: Das Wasser zischt und gurgelt abwärts, zwischen bemoosten Steinblöcken hindurch. Durch kleine Wasserfälle und aus den Felsen quellende Rinnsale wird der Bach zusätzlich gespeist. Vor allem nach oder auch an Regentagen erfreut dieser Spaziergang alle Liebhaber von Bergbächen.

Wir kehren an der sogenannten Kuhbrücke um, da der Weg kurz darauf in die vielbefahrene Alpenstraße mündet. Wer auf dem Rückweg seinen Blick weg vom Wasser an die Berghänge lenken kann, entdeckt eine Vielzahl schöner und geschützter Pflanzen: Unzählige Waldhyazinthen, Knabenkräuter, Simsenlilien, Akeleien und viele andere Blüten zieren das Bachufer und die gegenüberliegenden Hänge.

Die Almkaser bieten selbsthergestellte Milchprodukte und andere einfache Speisen und Getränke an – allerdings nur in den Früh- und Spätsommerwochen. Denn die Kühe weiden zuerst auf dieser Niederalm, bevor sie den Hochsommer auf die Hochalmen Moosen- und Anthauptenalm hinaufgetrieben werden und später wieder hierher zurückkehren.

Nach dem Almerlebnis steigen wir über die Almstraße wieder zum Parkplatz hinauf.

Tipp

Im Winter, wenn die Temperaturen unter dem Gefrierpunkt liegen, versiegt die Schwarzbachquelle. Allerdings bilden sich dann Eiszapfen, die – ähnlich wie bei einer Tropfsteinhöhle – von oben und unten anwachsen. Wenn nicht allzu viel Schnee liegt, ist daher das Schwarzbachloch vor allem im späten Winter ein außergewöhnlich interessantes Ziel.

Simsenlilie

Geflecktes Knabenkraut

Aschauer Klamm

Die lange Wasserwanderung – zuerst entlang der Saalach und dann im sich zunehmend verengenden Tal des Aschauer Bachs – verspricht viele Natureindrücke. Dass der urige Haiderhof sich für eine Rast anbietet, kommt vielen Wanderern gelegen.

📍 Schneizlreuth, Parkplatz Friedhof (hinter Wurznwirt), Bushaltestelle Schneizlreuth Gasthof

🕐 4 ¼ Stunden: entlang des Saalachufers zum Haiderhof 1 Std., durch die Aschauer Klamm z. Aschauer Klause 1 ¼ Std., Rückweg zum Haiderhof 1 Std., nach Schneizlreuth 1 Std.

Vor dem Wurznwirt führt ein Sandweg zu einer kleinen Brücke über den Weißbach und eine Schleife nach links bringt uns in einen Tunnel, um die stark befahrene Bundesstraße zu unterschreiten.

Auf einem netten Pfad entlang des Weißbachs gelangen wir zu dessen Mündung in die Saalach. Wir überqueren die Saalach auf der Holzbrücke und halten uns dann rechts und gehen lange Zeit direkt oberhalb des Saalachufers entlang.

Später öffnet sich die Landschaft und wir erblicken den Haiderhof, der an Wochenend- und Feiertagen zu Brotzeit und leckerem Kuchen einlädt.

Wir gehen links auf das Gasthaus zu, passieren den Gast-

Bei der Aschauer Klause

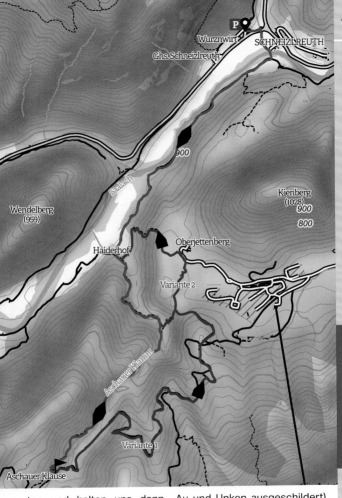

ASCHAUER KLAMM

garten und halten uns dann geradeaus Richtung Aschauer Klause (später nur noch Reith, Au und Unken ausgeschildert). Der Weg durch die Aschauerklamm mutet anfangs weniger

 4,0 km   442 Hm ☆   ab Haiderhof

🍴 Haiderhof (in den Sommer und Herbstmonaten an Wochenend- und Feiertagen), Wurznwirt, Gasthaus Schneizlreuth

In der Aschauer Klamm

spektakulär an, aber das Bachtal ist wunderschön und mit vielen seltenen Pflanzen gesegnet. Dann aber wandern wir zunehmend am Rande steilerer Einschnitte, was dem Klamm-Charakter schon deutlich näher kommt, aber auch Umsicht und Trittsicherheit erfordert. Mehrfach wechseln wir die Bachseite und können diverse kleine Wasserfälle, tief ausgewaschene Gumpen und vielfältige Kaska-

den und Rinnen, durch die sich das Wasser windet, bewundern. Am Ende bringt uns ein Pfad zur Aschauer Klause, die in früheren Zeiten genutzt wurde, um Holzstämme aus den umliegenden Bergwäldern in dem Bachbett hinab zu triften. Dort laden Sitzgruppen und Informationstafeln zu einer kleinen Rast ein, bevor wir den Rückweg auf dem gleichen Weg antreten, was selbst Liebhaber von Rundtouren genießen können, da das Bachtal in umgekehrter Richtung wieder andere Eindrücke beschert.

Variante 1

Wer aus der Tour eine Rundtour machen möchte, kann bei der Aschauer Klause den Bach überqueren und dann die Forststraße nach links nehmen. Diese führt zunächst ein Stück aufwärts, dann durch zwei Tunnels und an einer netten Jägerhütte vorbei. Danach geht's abwärts und wir können zwei ausgeschilderte Forststraßen-Abkürzungen Richtung Oberjettenberg nehmen. Unmittelbar nachdem der zweite abkürzende Pfad wieder auf die Forststraße trifft, weist unterhalb ein gelbes Schild Richtung Haiderhof. Über eine Sandstraße gelangen wir zu einer Weggabelung, wo wir links in das Tal des Aschauerbachs hinabsteigen, um uns dort dann rechts Richtung Haiderhof zu halten. Eine halbe Stunde länger dauert diese Variante.

Variante 2

Eine kleine Fleißaufgabe stellt eine Passage über Oberjettenberg dar, die das untere Drittel des Aschauer Bachtals umgeht. Im Abstieg durch die Aschauer Klamm zweigen wir – nachdem die engen Passagen des Bachtals hinter uns liegen – rechts Richtung Oberjettenberg auf, gehen dort ein kleines Stück links auf einer Zufahrtsstraße, um dann links den ausgeschilderten Weg Richtung Haiderhof zu nehmen. Etwa 45 Minuten zusätzlichen Zeitaufwand bedeutet dieser Umweg.

Variante 3

Die Tour verkürzt sich deutlich, wenn man bis zum Haiderhof auf der kleinen (sandigen) Zufahrtsstraße fährt. Allerdings muss man einige Schlaglöcher in Kauf nehmen und die Parkplätze sind für Gäste des Haiderhofs reserviert.

ASCHAUER KLAMM

Denkmal „Frieden-Schützen" in Schneizlreuth

Weißbachschlucht

Die imposante Schlucht des Weißbachs ist durch Stege, Tritte, Geländer und Seilversicherungen so erschlossen, dass die Wanderer das Naturschauspiel bewundern können: Der Bach sucht sich seinen Weg durch dieses tief eingeschnittene, wildromantische Tal und beeindruckt dabei mit zahlreichen Wasserfällen und wilden Kurven.

📍 2 ¾ Stunden: zum Einstieg in die Schlucht 15 Min., Weg durch die Schlucht 1 Std., Rückweg 1 ½ Std.

🕐 Weißbach, Wanderparkplatz hinter Gasthof Stabach (Geislerweg), Bushaltestelle Weißbach Alpenhotel

In der Weißbachschlucht

Wir gehen ein kurzes Stück in die von der Hauptstraße abgewandte Richtung, um dann links in den Öderweg einzubiegen. Kurz darauf zweigen wir wieder links ab: Wir überqueren den Weißbach und gehen auf der anderen Seite rechts in den Sägmühlweg, der nach den letzten Häusern in einen Wanderweg entlang des Weißbachs mündet. In der Nähe des Gasthauses Mauthäusl, wo bereits 1590 eine Gebühr für den kostspieligen Straßenunterhalt kassiert wurde, zweigt rechts der

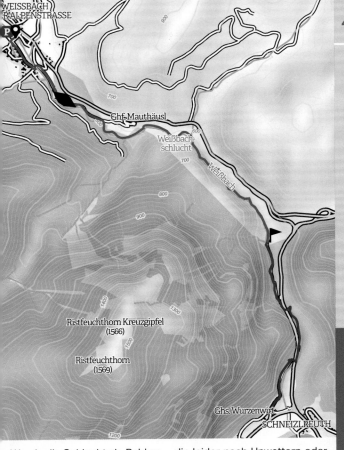

Weg in die Schlucht ab. Bald erfordert der schmale Pfad entlang der Schluchtwände hohe Aufmerksamkeit, vor allem wenn die Tritte nicht komplett abgetrocknet sind. Viele Holzstufen, Geländer und Stege, die leider nach Unwettern oder harten Wintern immer wieder teilweise erneuert werden müssen, ermöglichen den Weg durch diese wildromantische Schlucht. Die Felswände sind oftmals moosbedeckt, viele

 6,6 km   236 Hm    nur größere Kinder!

🍴 Gasthof Mauthäusl, Gasthaus Schneizlreuth und Wurznwirt (bei Variante)

Wasserfall in der
Weißbachschlucht

ter der Brücke rechts zu den Kiesbänken hinabgehen, wo wir am – jetzt sehr beschaulichen – Bachufer Platz nehmen können. Danach wenden wir uns wieder zurück und gehen nochmals durch die Schlucht, was durch die Perspektive von unten viele neue Eindrücke liefert.

Variante

Wer die Wanderung noch etwas ausdehnen möchte, kann bis nach Schneizlreuth gehen, wo zwei Gasthäuser zur Rast einladen. Die Wanderwege verlaufen zwar parallel zur relativ stark befahrenen Alpenstraße, die wir zweimal kreuzen – einmal unter der hohen Samerbrücke und einmal mittels eines Tunnels. Da die Wege aber meist etwas unterhalb der Straße liegen, belästigt uns der Straßenlärm kaum. Für diesen zusätzlichen Abstecher sollten wir etwa eine Stunde einkalkulieren.

schöne Blütenpflanzen haben sich in den Spalten und Ecken eingenistet und zum Abschluss beeindruckt uns ein fast sieben Meter hoher, eingedrehter Wasserfall. Kurz darauf weitet sich das Flusstal und auch der Weg wird breiter. An dieser Stelle können wir eine Bank als Rastplatz nutzen oder noch etwa 100 Meter weiter und hin-

Quirliger Weißbach

Höllenbachalm, 780 m

Ein kleines verstecktes Juwel, das aber dennoch gut zu erreichen ist und in den Sommermonaten mit Brotzeiten und Kuchen lockt: Die Höllenbachalm liegt in einem schönen Kessel von Wiesen und Wäldern mit dem markanten Ristfeuchthorn im Hintergrund. Auch für Kinder hat die Alm einiges zu bieten.

📍 Weißbach an der Alpenstraße, Parkplatz links an der B 305 ca. 2 Kilometer südlich des Ortes, Bushaltestelle Mauthäusl, von dort noch ca. 500 Meter entweder entlang der Straße oder über den (steilen und etwas ausgesetzten) Salinenweg auf der Nordseite der Straße

🕐 Etwa 2 Stunden: Anstieg über Almstraße 45 Min., über Almwiese und Waldpfad zur Forststraße 15 Min., Rückweg über Forststraße 50 Min.

Höllenbachalm

Vom Parkplatz weg gehen wir die Forststraße aufwärts, ignorieren eine rechts abzweigende Forststraße, folgen dann aber später dem kleinen Holzschild nach rechts, das uns bereits den Weg zur Höllenbachalm weist. Zurück könnten wir natürlich den gleichen Weg wählen, doch lohnt es sich – auch mit einiger-

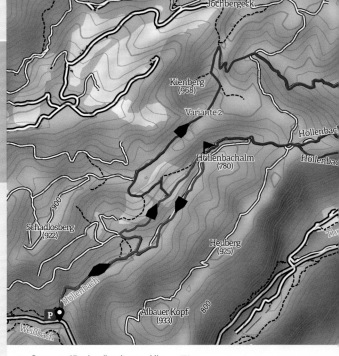

maßen geländegängigen Kinderwägen – den Spuren in der Wiese jenseits der Alm (parallel zum Zaun) zu folgen.

Diese münden in einen Karrenweg, der sich nach rechts wendet und gleich darauf an einer Forststraße endet. Dort halten wir uns rechts abwärts und folgen diesem Weg, bis er auf unseren Aufstiegsweg trifft, wo wir nach links gehen und noch etwa 20 Minuten bis zum Parkplatz benötigen.

Tipp

Nehmen Sie Anziehsachen zum Wechseln für Ihre Kinder mit! Denn der Brunnen inmitten des Biergartens übt eine magische Anziehungskraft auf Kinder aus.

Varianten

Vor allem im frühen Frühjahr lässt sich die Höllenbachalm am schönsten vom Thumsee aus erwandern: Vom Parkplatz am Seemösl (Thumsee Ost) geht es kurz Richtung Thumsee, dann

 4,8 km   181 Hm

 meist auch im Winter begehbar   Höllenbachalm, bei Variante auch Listwirt

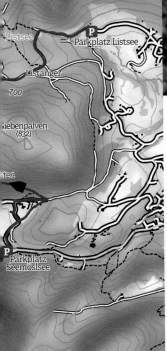

Perlmutterfalter auf Wasserdost

Almgelände bringt. Als Rückweg können wir dann alternativ den bequemen Höllenbachweg nehmen.

Die Höllenbachalm lässt sich auch mittels einer schönen und gut ausgeschilderten Runde ab dem Listwirt-Parkplatz in Reichenhall-Nonn erreichen. Dort folgen wir der Ausschilderung Richtung Höllenbachalm und passieren zunächst den Listsee und dann den Listanger (Hütte an der rechten Seite). Die Ausschilderung weist uns etwa 10 Minuten später nach links und wir folgen dann den Schildern nochmal nach links auf den Höllenbachweg. Der Weg mündet in eine Forststraße. Dort, wo mehrere Forststraßen zusammen treffen, gehen wir rechts, dann sofort links und zweigen nach 400 Metern auf einen Waldweg ab, der uns geradewegs auf das Almgelände bringt.

Als Rückweg können wir den Steig wählen, der – mit dem Gesicht zum Gebäude stehend – nach rechts oben Richtung Jochberg führt (kleines Hinweisschild am Gebäude).

Dann folgen wir der Ausschilderung anfangs auch Richtung Jochbergparkplatz, dann Richtung Listsee. (Hin- und Rückweg jeweils ca. 2 Std.)

rechts eine kleine Zufahrtsstraße hinauf. An deren Ende halten wir uns nach rechts, um kurz darauf links rückwärts in den ausgeschilderten Karrenweg Richtung Höllenbachalm abzuzweigen. Für den Aufstieg wählen wir den (etwas ausgesetzteren) Höllenbachsteig, der uns mit unzähligen Erikabüschen erfreut und oben in eine Forststraße mündet. Dort, wo mehrere Forststraßen zusammenkommen, gehen wir nach rechts und dann sofort wieder links. Nach etwa zehn Minuten zweigt dann rechts ein Waldweg ab, der uns geradewegs ins

Himmelsleiter, Weißbachfall & Waldbahnweg

Gleich mehrere beeindruckende Naturphänomene und Zeugnisse der jahrhundertelangen Geschichte der Salzgewinnung prägen diese interessante Wanderung, die zwei schöne Almen zum Ziel hat.

HIMMELSLEITER

📍 Inzell, Parkplatz und Bushaltestelle Zwing

🕐 4 ¼ Stunden: zur Weißbachquelle 20 Min., zum Gletschergarten 30 Min., zur Himmelsleiter 20 Min., Abstieg über die Himmelsleiter zum Weißbach 20 Min., über Waldbahnweg zur Harbach- und Bichleralm 1 ¼ Std., Rückkehr zum Weißbach 1 Std., über Weißbachfälle nach Zwing 30 Min.

Abstieg auf der Himmelsleiter

Unser erstes Ziel, die sehr ungewöhnliche Weißbach-Quelle, ist nicht ausgeschildert, doch gut zu finden: Wir gehen unter der Straße hindurch und folgen dem Falkenstein-Rundweg nach rechts. Nach etwa fünf Minuten kommen wir an eine große Wegkreuzung und fast unmittelbar danach ist nochmal ein gelber Wegweiser Richtung Falkensee – unter einem dreieckigen Naturschutzgebiet-Schild. Hier zweigt rechts ein unbezeichneter Karrenweg ab, der bald an das Ufer des Weißbachs führt.

Wir gehen jetzt immer diesseits am Weißbachufer entlang, zunächst auf einem breiteren Karrenweg, dann nach rechts oben auf einem Steig, der etwas Umsicht verlangt. Innerhalb weniger Minuten gelangen wir zu einem beeindru-

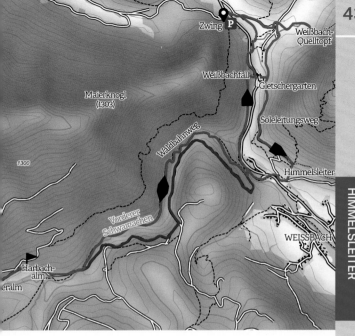

ckenden Quelltopf, in dessen Tiefe das Wasser zwischen zwei Gesteinsschichten hervorquillt und in wilden Kaskaden – vor allem nach Regentagen oder während der Schneeschmelze im Frühsommer – nach unten rauscht. Nachdem wir zu dem Hauptweg zurückgekehrt sind, gehen wir zweimal nach links, ausgeschildert sind hier der Gletschergarten und Weißbach. Beim Gletschergarten weist ein Holzschild nach unten, dort können wir einen Abstecher

machen und die vom Gletscher ausgeschliffenen Töpfe und abgerundeten Felsen betrachten. Wieder zurück auf dem Hauptweg gehen wir weiter Richtung Weißbach, nehmen aber nach etwa 10 Minuten den weniger ausgeprägten oberen Pfad, wo die Himmelsleiter ausgeschildert ist.

Mehrfach sind seitlich am Weg alte Holzrohre zu entdecken, die keine Funktion mehr haben. Dabei handelt es sich um sogenannte Deicheln der alten So-

 12,0 km   497 Hm

 Harbachalm, Bichleralm

Weißbachfall

leleitung, die bereits 1619 hier angelegt wurde und somit als „älteste Pipeline der Welt" gilt. Mittels dieser Leitung wurde die salzhaltige Sole von den Reichenhaller Salzquellen zu der Saline in Traunstein befördert, wo dann in eisernen Sudpfannen das Salz herausgedampft wurde. Warum erfolgte der umständliche Transport der salzhaltigen Flüssigkeit über 31 Kilometer? Schlichtweg deshalb, weil das zum Sieden benötigte

Bäckinger Klause

Holz Mangelware war; in Reichenhall und Umgebung waren bereits alle Wälder abgeholzt. Auch die „Himmelsleiter" steht in Bezug zu dieser Soleleitung: Denn die Sole musste auf ihrem langen Weg mehrfach in Metallrohren hinaufgepumpt werden, um dann wieder mit wenig Gefälle über lange Strecken hinabfließen zu können. Die Rohrleitung, die bis 1958 noch in Betrieb war, und der Solehochbehälter, in dem ein Solevorrat gehalten wurde, sind noch zu sehen.

Wir nutzen die neben den Rohren verlaufenden 420 Stufen, die erst kürzlich sanierte Himmelsleiter, um nach Weißbach abzusteigen. Dann geht es rechts hinab zur Straße, die wir vorsichtig überqueren. Gegenüber nehmen wir eine kleine Straße nach rechts und dann den Weg zwischen zwei Zäunen, hier sind die Weißbachfälle als Ziel ausgeschildert. Nach etwa 200 Metern überqueren wir eine Fußgängerbrücke, gehen kurz nach links und dann nach rechts in den breiteren Weg Richtung Harbach- und Bichleralm, den sogenannten Waldbahnweg. Informationstafeln klären uns darüber auf, dass auch dieser Weg einen Bezug zur Salzgewinnung hat: Wir bewegen uns auf der Trasse, die 1930 für eine Holztransportbahn durch die Schwarzachenklamm geschaffen wurde – inklusive eines Eisenbahntunnels. Über die Bachläufe wurde das Holz aus den umliegenden Waldregionen bis zur Bäckinger Klause hinab getriftet und dann mit der Bahn nach Weißbach gebracht.

Der durch die malerische Klamm verlaufende Waldbahnweg endet an der Bäckinger Klause und wir nehmen dort einen steilen Almweg hinauf zur Harbachalm und der dahinter liegenden Bichleralm. Zurück geht es wieder über den Waldbahnweg bis hinter den Steg über den Weißbach. Dort nehmen wir dann den Pfad nach links, der uns zu den imposanten Weißbachfällen bringt. Die Geländestufe, die das Wasser hinab fällt, müssen wir mittels vieler Stufen nach oben bewältigen, um dann auf bequemem Weg entlang des Weißbachs und unter der Bundesstraße hindurch zurück nach Zwing zu gelangen.

Hinweis

Als dieses Buch in den Druck ging, war der Waldbahnweg nicht begehbar, da noch massive Schäden zu beseitigen waren und das Ergebnis einer geologischen Prüfung ausstand. Da aber hoffentlich der Weg bald restauriert wird, haben wir diese schöne Wegpassage in der Tour belassen. Zumal eine ausgeschilderte Umleitung (in der Karte auf S. 147 lila) über eine etwas höher verlaufende Forststraße ebenfalls zu den Almen führt.

Morgenstunde auf der Harbachalm

Falkensteinrunde & Einsiedl

Drei kleine Seen, markante, schroffe Berge, eingebettet in schöne Wiesen- und Moorlandschaften, ein über 800 Jahre altes, wunderschön renoviertes Kirchlein und als Zugabe noch ein beeindruckender Quelltopf – die Tour rund um den Falkenstein verschafft viele Glücksmomente.

 Inzell, Parkplatz Eisstadion Max-Aicher-Arena, Bushaltestelle „Zwingsee Eisstadion"

 3 ½ Stunden: Bis zur Abzweigung zum Krottensee 45 Min., Abstecher zum Krottensee 15 Min. (hin und zurück), über Breitmoos nach Einsiedl 30 Min., über Waldweg zurück und zum Falkensee 45 Min., zur Abzweigung zum Quelltopf des Weißbachs 20 Min., Abstecher zum Quelltopf 20 Min. (hin und zurück), vorbei an Zwing zurück zum Eisstadion 30 Min.

Wir gehen die gut ausgeschilderte Falkensteinrunde im Uhrzeigersinn: An der Waldseite passieren wir das Eisstadion und die Tennisplätze. Nach wenigen Minuten können wir nach rechts in einen Steig abzweigen, der die Runde etwas abkürzt, allerdings nicht kinderwagen-gerecht ist. Beim Landgasthof Binderhäusl treffen die beiden Varianten wieder zusammen und wir halten uns entsprechend der Ausschilderungen stets nach rechts, bis wir eine Brücke über den Falkenseebach mit

Falkensee

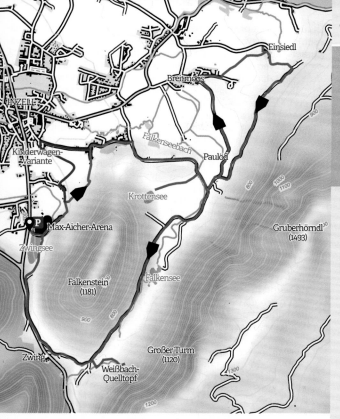

natürlichen Kneipp- und Balanciermöglichkeiten erreichen.
Hier bietet sich ein – absolut lohnender – Abstecher zum Krottensee an, in dem sich der spitze Nordgipfel des Falkensteins spiegelt. Die beiden Gipfel des Falkensteins sind übrigens nicht durch markierte Wege erschlossen und ausschließlich klettererfahrenen Bergsteigern vorbehalten.

 12,9 km   287 Hm ☆   siehe Variante

❄ nur Falkensteinrundweg   🏛 St. Nikolaus Einsiedl

🍴 Pizzeria Massimo beim Eisstadion

Zurück am Hauptweg gehen wir rechts weiter, zweigen aber kurz darauf nach links vom Falkensteinrundweg ab – ausgeschildert sind hier Breitmoos und Adlgaß.

In den Monaten Juni und Juli können wir kurz darauf linkerhand die Pracht der Orchideenwiese von Paulöd bewundern. Nachdem wir Breitmoos über den breiten Weg durch die Wiesen oberhalb des Mooses erreicht haben, halten wir uns rechts Richtung Einsiedl. Unmittelbar neben dem Bauernhof liegt ein von weitem eher unscheinbares Kleinod: das romanisch-gotische Kirchlein St. Nikolaus Einsiedl, das der Graf von Plain im Jahre 1177 als Buße für einen verheerenden Angriff auf Salzburg erbaut hat. Wir sollten nicht versäumen, einen Blick in das sehr liebevoll renovierte Kirchlein zu werfen. Danach durchqueren wir den Bauernhof, gehen – entsprechend der Ausschilderung Richtung Falkensee – ein Stück aufwärts auf

dem Feldweg und dann auf einem kleinen Steig rechts (Ausschilderung nur Kohleralm etc.). Kurz darauf nehmen wir rechts den breiten Wirtschaftsweg, der uns, wenn wir uns nach dessen Ende zweimal links halten, zur Falkensteinrunde zurückführt. Wir gehen entlang des malerischen Falkenseebachs zum Falkensee und genießen diesen ruhigen See, eingebettet in eine Moorlandschaft zwi-

St. Nikolaus Einsiedl

Krottensee mit Falkenstein

schen Falkenstein und den Ausläufern des Hochstaufen-Gebirgsstocks. Nach weiteren 20 Minuten auf dem Rundweg zweigen wir – noch vor der bereits erkennbaren großen Wegekreuzung – nach links (bei einem dreieckigen Naturschutzgebiet-Schild) in einen unbezeichneten Wirtschaftsweg ab. Dieser läuft auf den Weißbach zu, an dessen Ufer wir jetzt auf breiten Karrenwegen und schließlich rechts über einen kleinen Pfad entlanggehen. Der Pfad wird immer schmäler und verlangt etwas Umsicht, aber plötzlich stehen wir vor dem Quelltopf des Weißbachs. Das Wasser tritt hier zwischen zwei Gesteinsschichten aus und ergießt sich in wilden Kaskaden den Hang hinab. Vor allem nach einem Regentag oder im Frühsommer während der Schneeschmelze beeindruckt die Weißbachquelle als ein sel-

tenes Naturereignis. Zurück am Weg vollenden wir den Rest des Rundwegs zum Eisstadion, wozu – der einzige kleine Wermutstropfen dieser an schönen Erlebnissen reichen Tour – auch 600 Meter entlang der stark befahrenen Alpenstraße gehören. Der Weg entlang des Zwingsees, des größten der drei Seen auf unserer Tour, entschädigt dann am Ende wieder.

Variante

Die Falkensteinrunde kann man auch wunderbar mit Kinderwagen erfahren: Kurz nach Beginn wählt man dann nicht den Steig, sondern die Alternativroute über kleine Sträßchen und lässt die drei Abstecher weg (Zeitbedarf: 1 ¾ Stunden). Außer bei richtig trockenem Wetter: Dann ist der Abstecher zum Krottensee auch mit Kinderwagen möglich.

Inzeller Kienbergl, 1.135 m

Eine abwechslungsreiche Runde durch Moos- und Wiesenlandschaften kombiniert mit einem kleinen, aber feinen Berggipfel – das Inzeller Kienbergl verspricht jede Menge Wandergenuss und zudem noch die Einkehr in einer urigen Alm am Wegesrand.

📍 Inzell, Wanderparkplatz Schmelz, Bushaltestelle „Schmelz Gasthof"

🕐 3 ½ Stunden: auf dem Kienbergl-Rundweg zum Eisstadion 45 Min., über Zwing zum Einstieg des Steigs aufs Kienbergl 30 Min., aufs Inzeller Kienbergl 1 Std., Abstieg 45 Min., nach Schmelz 30 Min.

Wir starten unsere Kienbergl-Runde im Uhrzeigersinn und gehen daher am Gasthof Schmelz vorbei durch den Ortsteil Schmelz. Gegenüber dem letzten Haus biegt links ein Sandweg ab, der neben einem Bächlein parallel zur Straße verläuft.

Dann überqueren wir Brücke und Straße und gehen am Waldrand entlang, bis wir auf eine kleine Straße stoßen. Wir folgen der Ausschilderung der Kienbergl-Runde nun zweimal nach rechts und gehen Richtung Eisstadion entlang einer Anhöhe

Inzeller Kienbergl (Mitte)

oberhalb des Sulzbachs – mit herrlichem Blick über die Wiesen Richtung Inzell. Nach (vorsichtiger!) Überquerung der stark befahrenen Straße gehen wir rechts über einen Fußgängerweg zum Eisstadion hinunter und rechts am Stadion entlang. Dann biegen wir rechts ab Richtung Zwing und gehen an dem malerischen Zwingsee entlang.

Nach einem kurzen Anstieg müssen wir 600 Meter entlang der vielbefahrenen Straße in Kauf nehmen, bevor wir mittels eines Fußgängertunnels auf die andere Straßenseite wechseln. Hinter dem dortigen Parkplatz gehen wir rechts hinauf und zweigen etwa 15 Minuten später von der Sandstraße rechts in den ausgeschilderten Steig

 10,9 km   485 Hm   ohne Gipfelanstieg

 (ohne Gipfelanstieg)   Restaurant Zeitlos, Moaralm, Gasthof Schmelz

INZELLER KIENBERGL

zum Inzeller Kienbergl ab. Dieser Steig führt uns zunächst links zu einem Gipfel mit einem hohen Kreuz, der dementsprechend Kreuzspitze genannt wird und eine herrliche Aussicht über das Inzeller Tal und auch hinüber nach Ruhpolding mit den umliegenden Bergen bietet. Wer kleine Steige liebt, auch wenn diese entlang etwas steiler Hänge verlaufen, kann – nachdem wir ein ganz kleines Stück wieder abgestiegen sind – auch noch zur anderen Seite des Gipfelrückens wandern, wo sich der höchste Punkt (1.135 m) des Inzeller Kienbergls und eben-

falls ein kleines Kreuz befindet. Wieder zurück am Rundweg gehen wir nun am reizvollen Wildenmoos entlang, nach dessen Ende wir einen Abstecher zur urigen Moaralm einlegen können. Der Rückweg zum Parkplatz führt durch den überaus beliebten Spielplatz Schmelz, wo die Kinder ihre wahre Freude haben.

Variante
Wer keine Kinder dabei hat, die sich kaum wieder vom Spielplatz loseisen lassen, kann die Runde auch beim Eisstadion starten, wo es sowohl Parkplätze als auch eine Bushaltestelle gibt.

GPX-DATEN

GPX-DATEN-DOWNLOAD

Der Verlag offeriert als zusätzlichen Bonus, dass die GPX-Daten der Touren kostenlos erhältlich sind.

https://www.plenk-verlag.com/download/download-gpx-touren-spezialfuehrer-ruhpolding-koenigssee/

Download-Anleitung

- Öffnen Sie die Kamera auf Ihrem Smartphone und scannen Sie den QR-Code oder geben Sie den Link im Browser ein
- Klicken Sie auf den Download-Button, um die GPX-Daten herunterzuladen, *Passwort: Spezial_BGD_Chiem*
- Bestätigen Sie den Download noch einmal mit dem grünen Download-Button
- Öffnen Sie die ZIP-Datei, *Passwort: Spezial_BGD_Chiem*
- Importieren Sie die GPX-Datei entweder in eine App auf Ihrem Handy oder laden Sie die Daten auf Ihr GPS-Gerät

Die GPX-Daten – und auch die Kartenskizzen – haben die Autorin und der Verlag auf der Basis von offiziellem Kartematerial nach bestem Wissen und Gewissen erstellt. Dennoch kann es vorkommen, dass die Wiedergabe durch GPS-Geräte nicht in allen Fällen einwandfrei funktioniert. Daher bittet der Verlag die Nutzer, stets Vorsicht walten zu lassen, das eigene Orientierungsvermögen nicht zu ignorieren und nicht abseits markierter Pfade ins Gelände zu gehen.

Inzeller Filzen & Kesselalm

Die Inzeller Filzen, ein Moorgebiet, lassen sich auf einem Moor-Erlebnispfad erkunden – auch für Familien mit Kindern ein schönes Abenteuer. Der sich anschließende Spaziergang zur Kesselalm und hinter einem Bergrücken entlang eröffnet schöne Ausblicke – auf den kleinen Froschsee und die umliegende Bergwelt.

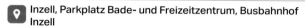 Inzell, Parkplatz Bade- und Freizeitzentrum, Busbahnhof Inzell

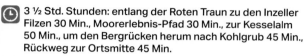 3 ½ Std. Stunden: entlang der Roten Traun zu den Inzeller Filzen 30 Min., Moorerlebnis-Pfad 30 Min., zur Kesselalm 50 Min., um den Bergrücken herum nach Kohlgrub 45 Min., Rückweg zur Ortsmitte 45 Min.

Zunächst nehmen wir die Unterführung unter der Bundesstraße, gehen dann links in die Traunsteiner Straße (am Busbahnhof vorbei), bis wir zur Brücke über die Rote Traun gelangen. Hier folgen wir den Wanderschildern nach rechts und gehen an dem Bach entlang. Bei der nächsten Brücke queren wir auf die andere Bachseite und gehen weiter am Bach entlang, bis nach etwa 500 Metern ein grüner Wegweiser „Moor-ER-LEBNIS-Pfad" nach rechts deutet.

Inmitten der Inzeller Filzen

Dieser interessante Erkundungs- und Erlebnisweg, der teilweise auf einem Holzsteg durch das Moor verläuft, wartet mit zahlreichen Holzkunstwerken und interaktiven Stationen auf, die nicht nur Kindern das Wesen des Moores und des früheren Torfabbaus nahebringen. Wir folgen den Moor-Erlebnis-Pfad-Schildern, biegen also erst links, dann rechts, dann wieder links ab, bis schließlich ein Schild in Schmetterlingsform das Ende des Erlebnisweges anzeigt. Bei der kurz darauf folgenden Weggabelung, wo unser nächstes Ziel, die Kesselalm, erstmalig angeschrieben ist, gehen wir geradeaus und halten uns auch bei den nächsten beiden Gabelungen Richtung Kesselalm.

Somit erreichen wir – unterhalb der weithin sichtbaren St. Antonius-Kapelle – ein kleines Sträß-

 10,8 km   136 Hm   nur Moor-Erlebnis-Pfad

 Kesselalm, Kurcafé Inzell und weitere Gasthäuser im Ortszentrum von Inzell

und erreichen eine schöne Promenade mit Blick auf Inzell und die umliegenden Berge, die uns zur Kesselalm bringt. Nach einer eventuellen Einkehr steigen wir mit der Froschseestraße leicht nach oben (Richtung Oberhausen/Froschsee), um aber dann vor der Brücke in der Senke nach links abzuzweigen (nur kleines Holzschild, das in die umgekehrte Richtung zur Kesselalm weist).

Wir gehen entlang des netten Bachlaufs, der den Froschsee entwässert, und dann über einen Karrenweg nach oben, wo sich ein schöner Blick über den Froschsee eröffnet.

chen, das uns links hinauf in den Ortsteil Wald führt. Dort biegen wir rechts in den Sandweg ein, durchqueren ein Waldstück

Beliebter Treffpunkt: die Kesselalm

Kessel Alm

Bei der Zufahrts-
straße, auf die wir
stoßen, geht's nach
rechts erst ein Stück
abwärts und dann
kurz nach oben, wo
zwei Wegweiser
Richtung Kesselalm
deuten. Wir gehen
nach links in den Kar-
renweg und biegen
etwa fünf Minuten
später nach rechts
ab Richtung Kohl-
grub, hier helfen uns
auch wieder die klas-
sischen gelben Wan-
derwegweiser.

Kunstwerke am Erlebnispfad

Wenn wir zwischen
den Gebäuden des
Kohlgrubhofs hin-
durchgehen, gelan-
gen wir zu einer stei-
len Straße, die uns
hinab zur Schmelzer
Straße führt. Jetzt
gehen wir links, dann bei der
zweiten Gelegenheit (schräg

gegenüber der Abzweigung
Froschseer Straße; unausgeschildert) nach rechts. Über die
kleine Zufahrtsstraße gelangen
wir zu einem Feldweg und dann
zwischen ein paar Häusern zur
Sulzbacher Straße.

Hier gehen wir (alle Schilder
ignorierend) kurz links, dann
– entsprechend der dortigen
Ausschilderung Richtung Inzell
Dorfmitte – rechts in das Sträßchen „Am Sulzbach".

Auf einem schönen Pfad durch
ein kleines Moorgebiet kommen
wir auf die Schmelzer Straße,
wo wir uns rechts halten, um
wieder zu unserem Parkplatz
zurück zu gelangen.

Wiesen voller
Knabenkräuter

Bäckeralm, 1.067 m

Gut zu erreichen ist die Bäckeralm, die mit schönem Gastgarten und sonniger Lage lockt. Auch für Familien mit Kindern und mit Kinderwagen eignet sich diese Runde am Rande des Teisenbergs.

📍 Inzell, Parkplätze rechts an der Adlgasser Straße, etwa 300 Meter vor dem Gasthof Adlgaß, Bushaltestelle Adlgaß (wird in den Ferienmonaten von der Dorflinie Inzell angefahren)

🕐 2 ½ Stunden: über die Forststraße und dann den Fußweg zur Bäckeralm 1 ¼ Std., Abstecher vom Weg zur Alm und zurück 15 Min., Rückweg über Inzell-Blick und Pommernberg 1 Std.

Idyllisch gelegene Bäckeralm

Falls wir einen der Parkplätze direkt an der Straße (gegenüber eines leerstehenden Funktionsgebäudes) erwischen konnten, gehen wir gleich gegenüber in die Forststraße – sonst müssen wir noch etwa 300 Meter von der Bushaltestelle oder von den Parkplätzen unterhalb des Gasthauses Adlgaß Richtung Inzell zurückgehen und dann rechts abbiegen.

Die Bäckeralm-Runde ist gut ausgeschildert, wir gehen sie gegen den Uhrzeigersinn und nehmen daher nach etwa 10 Minuten die rechte Forststraße. Bei der nächsten Weggabelung biegen wir links ab und nehmen den Fußweg – außer es ist ein Kinderwagen dabei, dann ist die etwas längere Forststraße anzuraten. Auch nach Regentagen ist die Forststraße vorzu-

ziehen, da der Fußweg sehr matschig werden kann. Die Bäckeralm liegt am Rand einer weiten Wiese unterhalb der Wege und ist über Pfade hinab durch die Wiese zu erreichen. Nach einer gemütlichen Rast mit liebevoll angerichteten, almtypischen Brotzeiten und selbstgebackenen Kuchen nehmen wir den Weg quer über die Wiese und gehen dann links auf der Forststraße weiter. Beim Inzell-Blick können wir die tolle Aussicht genießen, bevor sich unser Weg mit einem scharfen Knick links in den Wald wendet und uns entlang des Pommernbergs bequem wieder Richtung Adlgaß zurückbringt.

 6,7 km   347 Hm

 über die Forststraßen, in Karte als Variante eingezeichnet   Bäckeralm, Ghs. Adlgaß

Frillensee

Eine gut erschlossene Idylle, die auch für Familien mit Kindern unterschiedlichen Alters viel Abwechslung zu bieten hat: Der Frillensee liegt malerisch unter den Abhängen des rauen Staufen-Gebirgsstocks. Das Gasthaus Adlgaß, bei dem die Tour startet, entpuppt sich als attraktives Ziel in allen Jahreszeiten: Im Winter kann man eine Rodelbahn hinuntersausen.

📍 Inzell, Parkplatz Adlgaß etwa 4,4 Kilometer außerhalb von des Ortes (Parken unterhalb oder direkt beim Gasthaus möglich), Bushaltestelle Adlgaß (wird in den Ferienmonaten von der Dorflinie Inzell angefahren)

🕐 2 Stunden: 1 Std. zum Frillensee, ¼ Stunde für die Umrundung, ¾ Std. Rückweg

Wir starten vom Biergarten des Gasthauses und nehmen den Weg am linken Rand der Wiese (Rücken zum Gasthaus).
Dieser führt uns bald zu einem gut gepflegten Sandweg entlang des quirligen Frillenseebachs, an dem die Stationen des Bergwald-Erlebnispfades zu lauter kleinen Entdeckungserlebnissen und Abenteuern einladen.

Am Frillensee

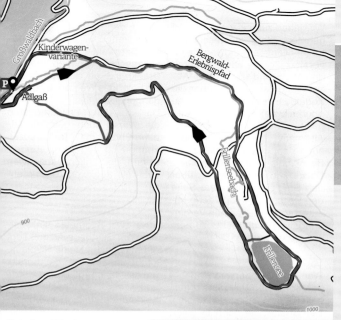

Bei einer Wegkreuzung gehen wir geradeaus (halbrechts) weiter und kommen bald zur Verlandungszone des Sees, in der wir Birken und viele Moorgewächse entdecken.

Ein Holzplateau mit zwei Bänken lädt zum Verweilen am See ein und eignet sich sehr gut als Brotzeitplatz. Der Bergwald-Erlebnispfad umrundet den See und endet an einem Steg, in dessen Mitte wir einen schönen Blick auf den See und das angrenzende Moorgebiet haben.

 6,1 km   195 Hm

 meist auch im Winter begehbar, Rodelbahn als Alternative zum Spaziergang

🏛 St. Nikolaus Einsiedl (Tipp)   🍴 Ghs. Adlgaß

Wir gehen zurück zum Weg und nehmen den ausgeschilderten Frillensee-Rundweg, eine Forststraße, die abwärts durch den Wald und nach einer Abzweigung nach rechts über die Rodelbahn-Strecke zur Wiese oberhalb des Gasthauses Adlgaß führt.

Alternativ könnten wir aber auch den Hinweg entlang des Bachs als Rückweg wählen: Dazu geht man entweder über den Steg auf die andere Seite des Sees oder knapp zehn Minuten später über einen Verbindungsweg nach rechts zu dem Aufstiegsweg.

Variante

Wer einen Kinderwagen dabei hat, sollte den Parkplatz unterhalb des Gasthauses wählen: Der Straße, die dann in einen Forstweg übergeht, weiter folgen und zweimal den rechten Zweig der Gabelung nehmen. Dann treffen wir auf den schönen Bergwald-Erlebnispfad am Frillenseebach, haben aber die Drehkreuze an der Wiese und ein holpriges Wegstück gut umgangen.

Da in den Weidemonaten die Wiese auch beim Rodelbahn-Ende mit Drehkreuzen abgegrenzt wird, ist mit Kinderwägen der Frillenseebachweg auch als Rückweg zu empfehlen.

Tipp

Etwa zwei Kilometer südwestlich vom Gasthaus Adlgaß liegt die malerische kleine Nikolauskirche in Einsiedl, die bereits um das Jahr 1200 erbaut wurde und ein kunsthistorisches Kleinod darstellt. Ein Graf erbaute sie, um dort als Einsiedler für die von ihm befohlene Zerstörung Salzburgs zu büßen.

Gasthaus Adlgaß

Thumsee mit Ruine Karlstein & Pankrazkircherl

Ein erfrischender Badesee im Sommer und ein lohnendes Wanderziel zu allen Jahreszeiten – der malerische Thumsee ist umgeben von schönen Spazierwegen und drei zusätzlichen Attraktionen: Im Seemösl blühen im Frühsommer zahlreiche Seerosen und die Ruine Karlstein sowie die kleine Barockkirche St. Pankraz thronen auf hohen Felszacken in der Nähe des Sees.

📍 Bad Reichenhall-Karlstein, Parkplatz Thumsee Ost, Bushaltestelle Seemösl

🕐 2 ½ Stunden: bis zur Ruine Karlstein 30 Min., Abstieg und dann Aufstieg zum Pankrazkircherl 30 Min., im Bogen bis zum Thumseeufer 1 Std., Seeumrundung 30 Min.

Thumsee mit Seewirt

Wir gehen einige Schritte neben der großen Straße Richtung Bad Reichenhall (weg vom See), um dann nach links oben in einen Steig abzubiegen. Dieser mündet in eine Straße, der wir nach rechts abwärts folgen, bis wir rechts sowohl zur Ruine Karlstein als auch zur Pankrazkirche hinaufsteigen können. Während die Ruine als uralten Gemäuern besteht, die teilweise bereits im 12. Jahrhundert entstanden, stammt die kleine Barockkirche aus dem 17. Jahrhundert, wurde aber auf dem

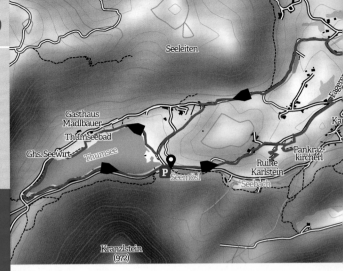

Platz einer früheren Wallfahrtskirche errichtet. Hier oben, auf einem etwa 60 Meter hohen Felssporn, reicht der Blick über den ganzen Reichenhaller Talkessel und bis weit über Salzburg hinaus. Nachdem wir beide Sehenswürdigkeiten nacheinander auf den steilen Treppen erklommen haben, gehen wir weiter der Straße entlang abwärts, bis wir zu einer Wegkreuzung gelangen. Hier wählen wir den sandigen mittleren Weg, den Fagererweg, und halten uns dann zweimal links.

Auf dem kleinen Weg Richtung Thumsee passieren wir einen Weiher und halten uns geradeaus, bis rechts ein Weg Richtung Höllenbachalm abzweigt. Wir nehmen aber nicht diesen, sondern kurz darauf (nach dem ersten Haus) einen Weg nach links, der nicht mit gelben Schildern, sondern nur als Abkürzung ausgeschildert ist. Kurz vor unserem Parkplatz zweigen wir rechts ab und beginnen mit dem malerischsten Teil der Thumsee-Umrundung.

Nach eventueller Einkehr in einem der beiden Lokale können wir am Seeufer weitergehen und erreichen letztlich auf einem Pfad unterhalb der Straße den Ausgangspunkt. Im Frühsommer sollten wir nicht ver-

 6,9 km 228 Hm   Runde um den See

lohnendes Ziel auch im Winter (außer bei viel Schnee, dann nur Runde um den See)

  Ruine Karlstein und Pankrazkicherl

 Gasthäuser Seewirt und Madlbauer

168

säumen, einen Blick auf die Seerosen-Pracht im Seemösl zu werfen. Dazu gehen wir auf die dem Thumsee abgewandte Straßenseite und dann links auf einem Wanderweg, dem Soleleitungsweg, in Richtung des kleinen Sees.

Variante

Mit Kinderwagen lohnt sich der Ausflug zum Thumsee ebenfalls. Allerdings beschränkt sich die Runde dann auf den See und man wählt ab den Gasthäusern besser die kleine Straße als den Weg entlang des Sees.

Kugelbachbauer & Salinenwege

Ein idyllisch gelegenes Gasthaus, das nur zu Fuß erreichbar ist, lässt sich ideal kombinieren mit den Salinenwegen, die bereits vor über 400 Jahren für die Leitungsrohre der salzhaltigen Sole angelegt wurden. Mehrfach eröffnen sich schöne Ausblicke auf die umliegenden Berge, den Thumsee, die Ruine Karlstein und das kleine Pankrazkircherl auf einem Felssporn.

📍 Bad Reichenhall, Parkplatz Festplatz (P 7) an der Loferer Straße (B 21), Bus- und Bahnhaltestelle Reichenhall-Kirchberg

🕐 2 ½ Stunden: zum Schroffen 20 Min., zum Kugelbachbauern 45 Min. Abstieg zur Soleleitung 15 Min., zu Amalienhöhe und Reischelklamm 30 Min., über die Soleleitung zum Kraftwerksgebäude in Kirchberg 30 Min., Rückweg zum Festplatz 15 Min.

Wir wenden uns zurück zur stark befahrenen Bundesstraße und gehen nach rechts. Bereits nach etwa 100 Metern ermöglicht uns eine Unterführung, die Straße zu queren. (Vom Bahnhof Kirchberg gelangen wir direkt durch die Unterführung hinüber.) Geradeaus gelangen wir auf die Luitpoldbrücke und überqueren so die Saalach. Gleich hinter der Brücke zweigt links ein schmaler Pfad ab, der uns entlang der Saalach und über den Parkplatz der Predigtstuhlbahn führt.

Am Ende des Parkplatzes nehmen wir den Weg hinauf Rich-

Kugelbachbauer

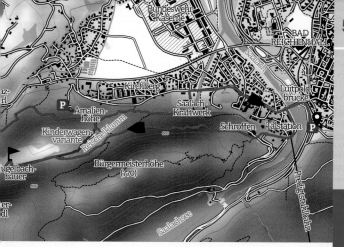

tung Schroffen und dem oberhalb liegenden Ausweichparkplatz der Predigtstuhlbahn. Dort halten wir uns nach rechts, um kurz darauf – noch vor dem verfallenen Gasthaus – nach links oben abzuzweigen.

Am Ende der Stufen gehen wir nach rechts und folgen nun bei allen Weggabelungen den Ausschilderungen „Paul-Gruber-Haus über Kugelbachbauer", bis unser Weg schließlich in die kleine Fahrstraße mündet, die uns dann in wenigen Minuten zu dem beliebten Gasthaus mit dem großen Garten bringt.

Auf dem Kinderspielplatz ist die ungewöhnliche, längs ausgerichtete Schaukel bereits seit Jahrzehnten der Hit.

Hinter dem Gasthaus führt ein kleiner Pfad mit vielen Stufen hi-

nab Richtung Thumsee. Sobald wir jedoch den breiteren Weg – den Soleleitungsweg – erreicht haben, halten wir uns rechts Richtung Amalienhöhe. Dieser kleine Pavillon lohnt den kleinen Abstecher vor allem wegen der Aussicht.

Nicht versäumen sollte man auch, nochmal fünf Minuten aufwärts zu gehen (Richtung Kugelbachbauer / Kirchberg über Reischelklamm) und einen Blick in die Reischelklamm zu werfen. Dazu halten wir uns bei der nächsten Weggabelung links und gehen gleich danach (unausgeschildert) über Pfade nach links und entdecken einen Metallsteg, der einen Tiefblick in die Klamm gewährt.

Zurück an der Wegkreuzung bei der Amalienhöhe wählen

 7,0 km   324 Hm

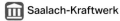 Saalach-Kraftwerk    Kugelbachbauer

Blick hinüber zu Pankrazkircherl und Hochstaufen

wir jetzt den rechten Abstieg (Kirchberg über Thumseestraße). Dieser Weg bringt uns, den Abzweiger nach Karlstein ignorierend, zum Kraftwerksgebäude des Saalachkraftwerks, das bereits 1912 errichtet wurde und unter Denkmalschutz steht. Rechts führt uns die Thumseestraße zurück zur Saalachbrücke und mittels der Unterführung, nach der wir uns rechts halten, zum Parkplatz.

Varianten

Der Kugelbachbauer ist auch für Familien mit Kinderwägen

ein erreichbares Ziel, wenn auch der Weg teilweise recht steil ist. Dann startet man die Tour aber bei einem kleinen Waldparkplatz am Kugelbachweg, der von der Thumseestraße abzweigt, und nimmt die Fahrstraße sowohl für den Auf- als auch für den Abstieg.

Wer die Tour noch ausweiten will, kann einen Abstecher zum Thumsee einbauen: Nach dem steilen Abstieg vom Kugelbachbauern erreichen wir, wenn wir uns nach links halten, das östliche Ende des Thumsees.

Bürgermeisterhöhe, 770 m & Saalachsee

Ein steiler, aber schöner Steig – durch eine markante Engstelle neben der Teufelshöhle – führt hinauf zur Bürgermeisterhöhe. Beim Rückweg gelangen wir zum Saalachsee, dessen schönste Uferpassage sich bei einem Abstecher erkunden lässt.

📍 Bad Reichenhall, Parkplatz Festplatz (P 7) an der Loferer Straße (B 21), Bus- und Bahnhaltestelle Reichenhall-Kirchberg

🕐 3 Stunden: zum Kraftwerksgebäude über Thumseestraße 15 Min., über Schroffen zur Bürgermeisterhöhe 1 Std., Abstieg nach Kibling am Saalachsee 1 Std., Abstecher entlang des Saalachsee-Ufers hin und zurück ca. 30 Min., zurück zum Parkplatz entlang der Saalach 15 Min.

Hoch über dem Saalachsee

SAALACHSEE

Wir wenden wir uns zunächst zurück zur stark befahrenen Bundesstraße, an der wir aber nur gut 100 Meter nach rechts entlang gehen müssen, um dann diese Straße mittels einer Unterführung zu unterqueren. (Bahn- und Busfahrer gelangen von ihrer Haltestelle durch diese Unterführung unter den Schie-

 9,0 km 395 Hm

🏛 Saalach-Kraftwerk keine

Kirchberg
Saalach-Kraftwerk
BAD REICHENHA
Luitpold-brücke
Schroffen Talstation
600
700
Bürgermeisterhöhe (770)
Predigtstuhlbahn
Kibling
Saalachsee
Saalachsee

nen und der Straße hindurch.) Wir gehen über die Luitpoldbrücke und folgen dann der Thumseestraße etwa 500 Meter, bis links das Kraftwerksgebäude des Saalach-Kraftwerks auftaucht – ein überraschend harmonisches und ansprechendes Gebäude, das 1912 errichtet wurde und heute unter Denkmalschutz steht. Jetzt nehmen wir den kleinen Pfad noch vor dem Kraftwerkskanal, der dann

oberhalb der Häuser verläuft, ein wenig an Höhe verliert und uns dann mittels steiler Treppen nach oben zum Schroffen führt. Auf diesem Bergrücken stand früher ein beliebtes Berggasthaus mit grandiosem Blick über Bad Reichenhall, doch heute werden die Gebäude anders genutzt.

Die erste Abzweigung nach rechts ignorieren wir, gehen noch ein Stück vor und zweigen dann nach rechts Richtung Bürgermeisterhöhe ab. Ein schöner Waldpfad mit vielen Baumwurzeln und einzelnen Holzstufen bringt uns aufwärts. Nach einer knappen halben Stunde sehen wir eine Engstelle zwischen zwei Felsen, wo im wahrs-

Saalach-Kraftwerk

ten Sinne des Wortes ein Teufel an die Wand gemalt wurde. Rechts davon ist der Eingang zur Teufelshöhle, die aber nur für erfahrene Höhlenkletterer begehbar ist. Wir halten uns links, gehen zwischen den Felsen durch und gelangen dann bald zum höchsten Punkt. Dort zweigt rechts ein Pfad nach oben ab, der dann auf eine Bank unterhalb zusteuert, die schöne Ausblicke hinunter zum Thumsee – mit der Ruine Karlstein und dem Pankrazkircherl davor – und hinüber Richtung Hochstaufen ermöglicht.

Bei der Teufelshöhle

Zurück auf dem Weg gehen wir weiter vor, anfangs relativ eben, doch dann deutlich Höhe verlierend, bis wir auf einen sandigen Wirtschaftsweg stoßen. Dieser bringt uns links hinab zu einem Lagerplatz an einer kleinen Asphaltstraße, der wir zunächst nach rechts folgen. Wir passieren ein Stauwehr, von dem das Wasser der Saalach durch Rohre zu dem bereits besichtigten Kraftwerk auf der anderen Seite des Bergs abgeleitet wird. Jetzt gehen wir noch etwa einen Kilometer an dem für das Kraftwerk seit 1913 aufgestauten See entlang.

Da der weitere Weg durch die wenig attraktive Optik und die Geräuschkulisse eines Kieskraftwerks beeinträchtigt wird, kehren wir zurück und gehen dann ab dem Lagerplatz rechts unterhalb der Zufahrtsstraße am Saalachufer entlang. Wir gelangen zur Predigtstuhlbahn, deren Parkplatz wir queren, um dann einen Pfad neben dem Saalachufer aufzunehmen, der uns zur Luitpoldbrücke zurückbringt. Von dort nehmen wir die Unterführung und das kurze Stück entlang der Bundesstraße, um zurück zum Parkplatz zu gelangen.

Tipp

Die Monate Mai bis Oktober sind für diesen Spaziergang am besten geeignet, da dann das Laub der Bäume die Geräusche der stark befahrenen Bundesstraße entlang des Saalachsees dämpft.

Predigtstuhl, 1.613 m

Nach einer Bergfahrt mit der nostalgischen Predigtstuhl-bahn erwandern wir die vier höchsten Gipfel des Lattenge-birges, die auf gekennzeichneten Wegen zu erreichen sind. Die herrlich gelegene Schlegelalm setzt diesem varianten-reichen Ausflug die Krone auf.

📍 Bad Reichenhall, Parkplatz Predigtstuhlbahn, Fahrt mit der Predigtstuhlbahn zur Bergstation

🕐 3 Stunden: über den Predigtstuhl-Gipfel zur Schlegelmulde 30 Min., auf den Hochschlegel 30 Min., zum Karkopf 30 Min., zum Dreisesselberg 30 Min., Rückweg zur Predigtstuhlbahn 1 Std.

Sobald wir die Bergstation verlassen haben, halten wir uns nach links und steigen hinauf zum Predigtstuhl-Gipfel mit der Aussichtsplattform, die eine herrliche Rundumsicht und aufschlussreiche Informationstafeln dazu bietet.

Nach dem Gipfelgenuss bleiben wir weiterhin auf dem Alpinpfad, der uns im Zickzack hinab zur Schlegelmulde bringt. Nun geht es wieder bergauf zu dem bereits sichtbaren breiten Hochschlegel-Gipfel: Dazu nehmen wir den Steig links von der still-

Blick vom Predigtstuhlgipfel zum Dreisesselberg (rechts)

PREDIGTSTUHL

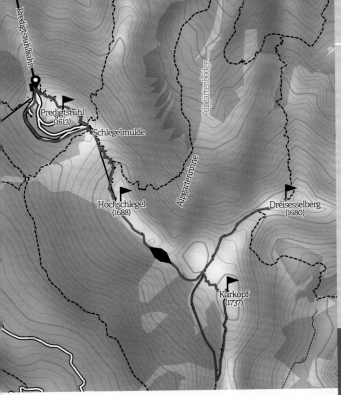

gelegten Sesselbahn und ignorieren einen Abstecher Richtung Bayerisch Gmain.

Unser Weg führt über den wenig spektakulären Hochschlegel hinweg und dann nahezu eben an dessen Flanke entlang. Leicht ansteigend gelangen wir zu einer Wegekreuzung, wo wir zunächst eine Abzweigung zur Törlscharte ignorieren, um kurz darauf rechts zum Karkopf, dem höchsten Gipfel des Lattengebirges, hinaufzusteigen.

Nachdem wir zu der Kreuzung zurückgekehrt sind, halten wir uns rechts und nach etwa 10 Minuten durch einen (oft feuch-

 7,2 km   555 Hm

unterer Weg von der Predigtstuhlbahn zur Schlegelalm

nur Wege am Predigtstuhl

Schlegelalm, Bergrestaurant Predigtstuhlbahn

ten und lange mit Schneeresten beschwerten) Graben nach links hinauf zum Dreisesselberg. Somit haben wir – ohne allzu große Anstrengung – vier schöne Gipfel erklommen und steigen durch die Latschen wieder hinab in den Graben, wo wir den Schildern Richtung Predigtstuhl folgen, um auf dem gleichen Weg wieder zurück in die Schlegelmulde zu gelangen.

Nach einer lohnenden Einkehr in der Schlegelalm können wir einen der bequemen breiten Sandwege, die unterhalb des Gipfels verlaufen, zurück zur Predigtstuhlbahn – der einzigen denkmalgeschützten Bergbahn der Welt – nehmen.

Variante

Wer etwas mehr Abwechslung möchte, kann beim Karkopf-Abstieg eine kleine Schleife einbauen. Nach einigen Metern bleiben wir auf dem gut ausgetretenen, aber nicht ausgeschilderten Weg links an der Geländekante und gehen an dieser entlang in eine Scharte hinab. Dort treffen wir auf den schmal wirkenden Wanderweg, der rechts Richtung Predigtstuhl führt.

Wenn wir bei der nächsten Weggabelung links gehen, befinden wir uns bereits wieder auf dem Anstieg zum Hochschlegel.

Predigtstuhlbahn mit Saalachsee, Bad Reichenhall und Hochstaufen-Massiv

PREDIGTSTUHL

Der beste Wanderführer für die Berchtesgadener Alpen

Plenk's Spezialführer

Berchtesgadener Alpen – Die schönsten Rundtouren mit Wanderkarte

- abwechslungsreicher Wanderführer
- 75 sorgfältig beschriebene Rundtouren
- vielfältige Tourenvarianten
- kostenlose GPX-Tourendaten Download
- detaillierte Kartenskizzen
- einfache Handhabung
- farbliche Einteilung nach Wegekategorien
- starke Bebilderung
- Einkehr-Optionen
- ISBN 978-3-944501-46-8

19.99 €

Das macht Kindern garantiert Spaß

Mein 1. Tourenbuch

Ein Wandertagebuch für Kinder

- Tourentagebuch zum Ausfüllen
- Informationen über Lebensraum Wasser, Wiese, Almboden, Bergwald, Fels, Alpenblumen, Wildbienen usw. im Nationalpark Berchtesgaden
- Spiele für unterwegs
- Quizseiten zum Ausfüllen
- Tourenvorschläge
- Flexocover im Format A5
- ISBN 978-3-98504-055-1

14.80 €

Nonner Oberland & Listsee

Das ganze Jahr über lädt das Nonner Oberland zu einem sonnigen Spaziergang mit weiter Aussicht über Reichenhall und die umliegenden Berge ein. Auf schönen Wegen und kleinen, sehr wenig befahrenen Sträßchen lässt sich eine beschauliche Runde drehen, die zwischendurch zum stillen, kleinen Listsee führt.

 Bad Reichenhall, Parkplatz u. Bushaltestelle Rupertustherme

 2 ½ Stunden: zur Nonner Kirche ½ Std., Listsee 1 Std., Rückweg über die Nonner Au 1 Std.

Wir gehen ein paar Schritte entlang der Kurfürstenstraße stadtauswärts Richtung Bundesstraße (Umgehungsstraße) und unterqueren diese mittels der Unterführung. Nach der Saalachbrücke lässt der Verkehrslärm deutlich nach und wir können die Nonner Au in Ruhe genießen. Wir gelangen auf eine Teerstraße, der wir nach rechts folgen, obwohl die Ausschilde-rung nur nach Piding und Marzoll und an dieser Stelle nicht Richtung Nonner Unterland weist.

Schon bei der nächsten Weggabelung taucht auf den Schildern aber auch das Nonner Unterland wieder auf und wir nehmen den linken Weg. Nachdem wir einen Weiher und eine kleine Brücke passiert haben, halten wir uns abermals links

Ausblick zum Müllnerhörndl

Listwirt · Niederalm · Hotel-Restaurant Neu Meran · Nonn · Gablerhof · Nonner Au · Saalach · Rupertustherme · Bundeswehr Kaserne · Karlstein · Kirchberg · BAD REICHENHALL

Nonner Kircherl

und gelangen auf die durch Nonn führende Straße. Wir gehen unterhalb der Kirche entlang. Sobald die Straße etwas abfällt, nehmen wir eine ausgeschilderte Abzweigung nach rechts und folgen der Ausschilderung Richtung Listsee.

 9,6 km   210 Hm

  lohnendes Ziel auch im Winter   Listwirt, Niederalm, Hotel-Restaurant Neu Meran

Zwiesel über dem Listsee

links, kommen am Listwirt vorbei und auf dem Schotterweg schließlich zum Listsee.

Unser Rückweg verläuft zunächst auf gleichen Weg: Bei der Straßenkreuzung gehen wir demnach rechts abwärts, um dann aber unterhalb des Hotels Neu Meran eine kleine Treppe rechts abwärts zu wählen. Wir halten uns Richtung Wegezentrum Karlstein, bis wir die Fischzuchtanlage und die Abzweigung nach Bruckthal / Thumsee passiert haben. An der nächsten Wegkreuzung nehmen wir den Sandweg, der nach links rückwärts abzweigt. Diesem folgen wir, bis er auf eine Straße stößt. Dort gehen wir rechts und biegen nach gut 100 Metern am Hainbuchenplatz nach links ab (unausgeschildert!). Somit gelangen wir wieder in die Nonner Au, wo wir nach dem Kneippbecken nach rechts Richtung Bad Reichenhall Wegezentrum Therme abbiegen und dann über den Steg und durch die Unterführung zurückgelangen.

Diese bringt uns wieder auf eine kleine Straße, der wir etwa 250 Meter nach rechts folgen, bis sich links ein Fußweg unterhalb der Straße anbietet. Der Fußweg mündet wieder in eine Straße ein, die sich bald darauf nach rechts oben wendet. An der Straßenkreuzung gehen wir

Bad Reichenhall –
Rundgang durch das Stadtzentrum

Auf einer schönen Runde, die durch mehrere Parks führt, eröffnet sich ein Einblick in die Geschichte Bad Reichenhalls: Das Salz spielte dabei eine ganz große Rolle – nicht nur weil es hier seit Jahrtausenden gewonnen wird und somit einen wichtigen Wirtschaftsfaktor darstellt, sondern auch weil das salzhaltige Wasser, die Alpensole, den Anstoß für den zeitweise sehr mondänen Kurbetrieb gab.

 Bad Reichenhall, Parkplatz Alte Saline, Bushaltestelle Rathausplatz

 1 ¾ Stunden: Aufstieg zur Burg Gruttenstein (mit Abstecher zu Florianiplatz und Peter-Paul-Turm) 30 Min., bis zum Kurgarten 30 Min., zur Kirche St. Zeno 15 Min., Rückweg zur Alten Saline 30 Min.

Hauptbrunnhaus in der Alten Saline

Im Innenhof der Alten Saline werfen wir zunächst einen Blick auf das wunderbar symmetri- sche Hauptbrunnhaus, unter dem die Solequellen entspringen. Dieses salzhaltige Wasser

 5,4 km   79 Hm

 Alte Saline, Wehrtürme, Burg Gruttenstein und Sankt Zeno

 diverse Gaststätten u. Cafés im Stadtzentrum

haben bereits die Kelten eingedampft, um Salz zu gewinnen,
und die Römer errichteten hier
ihre größte Saline im Alpenraum.
Das jetzt zu sehende Gebäude
wurde unter dem bayerischen
König Ludwig I. errichtet, nachdem 1834 ein großer Stadt-

brand in den Vorgängerbauten
ausgebrochen war. Das Brunn-
haus gilt als bedeutendes Industriedenkmal und ist im Rahmen einer Museumsführung zu
besichtigen.
Wir verlassen das Gelände der
Alten Saline auf seiner südlichen

Osterbrunnen am Florianiplatz

Seite, gehen kurz nach rechts und dann wieder links, um auf den Florianiplatz mit seinem schönen Brunnen zu gelangen.

Der Florianiplatz ist der Mittelpunkt der „oberen Stadt", die bei dem verheerenden Stadtbrand 1834 verschont blieb und wo der Charme eines altbayerischen Dorfplatzes noch erhalten ist. Wir queren den Platz und gehen links von dem Haus mit den Wandmalereien, die den Almabtrieb zeigen, in die Peter-und-Paul-Gasse, wo wir nach wenigen Metern einen alten Turm erblicken.

Dieser Peter-und-Paul-Turm ist einer der 14 Wehrtürme, die Anfang des 13. Jahrhunderts – verbunden durch einen Mauerring – errichtet wurden, um die Salzquellen und die Sudhäuser zu beschützen. Ein Stückchen weiter vorne können wir die kleine, denkmalgeschützte Siedlungsanlage „Glück im Winkel"

bewundern, die in den 1920er Jahren gebaut wurde und deren Jugendstil-Schmuckelemente noch erhalten sind. Wir gehen wieder zum Florianiplatz zurück, halten uns an dessen Ende rechts und gehen rechts vom Gasthaus Gruttenstein über einen Stufenweg nach oben. Oben zweigen wir rechts auf den ersten kleinen Sandweg ab und gehen entlang alter Stadtmauern-Reste – mit Blick auf die kleine Siedlung und den

Pulverturm

Solebrunnen im Kurgarten

Peter-und-Paul-Turm unter uns – zum Pulverturm, einem weiteren Wehrturm aus dem Mittelalter. Der Weg führt am Rande der Wiese entlang bis zur Burg Gruttenstein, die ebenfalls zur Verteidigung der Salinen im Mittelalter entstand.

Vor der Burg führt ein Weg (Ausschilderung: Stadtzentrum auf rotem Schild) wieder hinunter und mündet unten in die Dreifaltigkeitsgasse, die in den Unteren Lindenplatz übergeht. An dessen gegenüberliegendem Ende kreuzen wir die Salinenstraße und gehen halbrechts in die schmale Fußgängergasse hinein, die uns vor der Ägidikirche entlang und über eine weitere Gasse zur Poststraße bringt, wo ein Marmor-Wasserlauf an den ehemaligen Stadtbach erinnert.

Wir halten uns links, gehen der Spitalgasse entlang, wo wir links alte Stadtmau-

er-Reste entdecken. Am Ende der Spitalgasse gehen wir wieder links, überqueren kurz darauf die Bahnhofstraße und gehen rechts in den Ortenaupark. Nachdem wir durch diese Parkanlage geschlendert sind, gehen wir ein Stück nach links, um einen Blick auf die Front des alten „Königlichen Kurhauses" zu werfen, das 1900 erbaut wurde, damit sich die – teilweise sehr wohlhabenden und berühmten – Kurgäste bei verschiedenen Aktivitäten zerstreuen konnten.

Für die Erholung suchenden Gäste wurde auch der herrliche Kurgarten errichtet, den wir jetzt betreten. Es lohnt sich einen

Mosaike im Jugendstil

Königliches Kurhaus

Blick auf das Gebäude an der dem „Königlichen Kurhaus" gegenüberliegenden Seite zu werfen, das Kurmittelhaus: Große Mosaike in Jugendstil-Manier symbolisieren die natürlichen Heilmittel Luft, Sonne, Erde, Wasser, Licht und Feuer. Jetzt steuern wir auf das Gradierwerk zu, eine 160 Meter lange Halle, in der Besucher ihre Atembeschwerden lindern können, indem sie feuchte, salzhaltige Luft einatmen. Ursprünglich jedoch wurden Gradierwerke genutzt, um den Salzgehalt in der Sole durch Verdunstung zu erhöhen, damit bei der Salzgewinnung dann nicht mehr so viel Holz benötigt wurde.

Wir treten jetzt in die Wandelhalle ein, die ebenfalls einen guten Eindruck von dem ehemals mondänen Kuralltag vermittelt. Nachdem wir die Wandelhalle durchschritten haben, treten wir auf die Salzburger Straße hinaus und gehen etwa 250 Meter nach links.

Dann wenden wir uns rechts in den Karlspark, kehren aber wieder auf die Salzburger Straße

zurück, um dann knapp 200 Meter später rechts zur Pfarrkirche St. Zeno abzubiegen. Im Vorraum bestaunen wir das Marmorportal, ein romanisches Rundbogenwerk mit zwei vorgelagerten Löwen und diversen tierischen Gestalten im kunstvoll gestalteten Türsturz. Dieses gut erhaltene Portal aus dem 13. Jahrhundert besitzt einen hohen kunsthistorischen Rang. Nachdem wir die Kirche besichtigt haben, wenden wir uns nach links und gehen durch ein schmiedeeisernes Tor in einen Innenhof. Diesen queren wir Richtung Waldrand und steigen über einen schmalen Steig (zwischen zwei Zäunen) hinauf zu einem breiteren Weg.

Dort halten wir uns rechts, passieren den Karlspark auf der anderen Seite als beim Hinweg, gehen kurz darauf rechts und gleich wieder links in den Kellerweg, um an dessen Ende nach rechts in die verkehrsberuhigte Adolf-Schmid-Straße einzubiegen. Diese führt uns (links) zur Fußgängerzone (Salzburger Straße), wo wir kurz darauf rechts die Vorderfront des Kurmittelhauses bewundern können. Wenn wir immer weiter geradeaus durch die Fußgängerzone schlendern, gelangen wir an deren Ende zur Alten Saline zurück.

Burg Gruttenstein & Bayerisch Gmain

Der Burg Gruttenstein oblag im Mittelalter die Aufgabe, die wertvollen Solequellen Reichenhalls zu schützen. Als markantestes Gebäude, das von der mittelalterlichen Stadtbefestigung übrig geblieben ist, stellt es eine interessante Station auf dem Rundgang dar, der uns zu den schönsten Lagen Bayerisch Gmains führt.

 Bad Reichenhall, Parkplätze vor oder im Gelände der Alten Saline, Bushaltestelle Rathausplatz

 2 Stunden: zur Burg Gruttenstein 15 Min., Wendepunkt im Leopoldstal 45 Min., Hotel Klosterhof 30 Min., Rückweg nach Bad Reichenhall 30 Min.

Wir gehen an der linken (vom Rathausplatz her schauend) Außenseite des rötlichen Gebäudekomplexes der Alten Saline entlang, um in der Dreifaltigkeitsgasse einen ausgeschilderten Steig Richtung Gruttenstein und Bayerisch Gmain zu nehmen. Die Treppen bringen uns hinauf zu der mit mächtigen Mauern umgebenen Burg Gruttenstein, die allerdings nur bei Veranstaltungen beispielsweise an den Adventswochenenden für die Öffentlichkeit zugänglich ist.

Burg Gruttenstein

Die Burg entstand bereits um 1200 und diente dem Schutz der Salzquellen, die unterhalb, im Gelände der Alten Saline, sprudelten. Wir halten uns jetzt nach links aufwärts (Ausschilderung Bayerisch Gmain), biegen aber kurz darauf rechts von dem Sträßchen ab (nicht ausgeschildert, nur als Privatweg gekennzeichnet) und genießen den wunderbaren Ausblick auf den Saalachsee und die Berggipfel rund um Reichenhall.

Der Weg geht über in die Gruttensteinstraße, an deren Ende wir links abbiegen. Dem Streitbichlweg folgen wir bis zu seinem Ende (nur noch für Fußgänger begehbar), gehen dann rechts (Zwieselstraße) und bald wieder links (Bichlstraße), um dann bei der nächsten Kreuzung rechts in den Großgmainer Gangsteig abzuzweigen.

Dieser kleine asphaltierte Weg leitet durch eine wunderschöne Wiesenlandschaft.

 6,2 km   126 Hm

 Variante ab Burg Gruttenstein ❄ **fast immer gangbar**  **Alte Saline, Burg Gruttenstein**

🍴 **Klosterhof, Restaurant St. Florian im Feuerwehrheim, Salin in der Alten Saline**

Die Abzweigung zum Feuerwehrheim über den Sonnensteig ignorieren wir und folgen bei der kurz dahinter folgenden Weggabelung dem linken Weg Richtung Leopoldstal (Taufkirchenweg). Dort, wo dieser Weg an der stärker befahrenen Leopoldstraße endet, halten wir uns scharf links und gelangen somit auf den Harbachersteig (Ausschilderung Feuerwehrheim). Oben geht es dann links am Waldrand entlang, bis wir auf

Eichenallee am Steilhofweg

Am Gangsteig: Blick zu Untersberg (links) und Lattengebirge

eine Straße stoßen. Hier gehen wir nach links (Richtung Feuerwehrheim), biegen aber bald rechts in die Weberstraße ein, in deren erster Kurve der Claire-Waldoff-Weg beginnt. Dieser Weg führt uns hinab zu einer schönen Eichenallee (Steilhofweg), wo wir rechts einen Abstecher zum Hotel Klosterhof machen können, dessen sonnige Terrasse zum Verweilen einlädt.

Beim Zurückgehen können wir rechts unterhalb die fast 300 Jahre alte Moltke-Eiche bestaunen, bleiben aber auf dem Steihofweg, gehen dann nach rechts in die Feuerwehrheimstraße und halten uns bei deren Ende abwärts. Kurz nach der Schranke biegt links ein Gehweg links ab, der wieder in kleine Straßen übergeht, denen wir immer abwärts folgen. Dort, wo wir

auf die Fußgängerzone treffen, gehen wir links (Heiligbrunnerstraße, im späteren Verlauf Rosengasse) und gelangen so zur Alten Saline zurück, die übrigens im Rahmen von interessanten Führungen zu besichtigen ist.

Variante

Wer mit dem Kinderwagen unterwegs ist, kann bei der Burg Gruttenstein starten (Parkplatz dort oder Bushaltestelle „Am Hessing") und die Runde über den stufenlosen Sonnensteig abkürzen. Für den Rückweg bleiben wir auf dem Steilhofweg / Am Hessing bis zur Sonnenstraße, die rechts zur Burg zurückführt. Selbst kurze Runden in den sonnenverwöhnten Wohnstraßen in der Nähe der Burg lohnen sich – auch aufgrund der schönen Aussicht – auf jeden Fall.

Marzoll

Eine schöne Runde zwischen der ehemaligen Klosterkirche St. Zeno und dem Schloss Marzoll verbindet die Sehenswürdigkeiten mit abwechslungsreichen Naturerlebnissen. Zwei nette Gasthäuser laden zwischendurch zur Einkehr ein.

📍 Bad Reichenhall, Parkplätze und Bushaltestelle St. Zeno / Friedhof

🕐 2 ¾ Stunden: bis Weißbach 45 Min., zum Marzoller Schloss 30 Min., zum Gasthaus Obermühle 45 Min., über Kirchholz zurück nach St. Zeno 45 Min.

Schloss Marzoll

Vom Parkplatz gegenüber der Kirche halten wir uns links (stadtauswärts auf der Salzburger Straße) und gehen dann ein Stück hinter dem Friedhof rechts in die Kirchholzstraße. An deren Ende queren wir ei-

nen Platz und nehmen links außen hinter der Baracke einen Pfad auf und gehen dann nach links. Wir folgen diesem Weg am Waldrand, der in ein Sträßchen namens Waldweg einmündet. An dessen Ende gehen

wir nach rechts und halten uns dann immer geradeaus auf dem asphaltierten Rad- und Fußgängerweg Richtung Weißbach und müssen für eine kurze Zeit den Straßenlärm der relativ nahen Bundesstraße auf uns nehmen – der einzige Wermutstropfen auf diesem reizvollen Spaziergang.

Wir stoßen auf die stärker befahrene Tumpenstraße, wo wir uns rechts halten, dann aber geradeaus weiter gehen (Grenzlandstraße). Kurz darauf zweigen wir gegenüber der Bäckerei

(unbezeichnet; nach Haus 19 b, noch vor der Hochfeldstraße) in eine kleine Straße ein und erblicken bald einen Fußgängerweg. Diesem folgend gehen wir nach links und gelangen bald an einem Spielplatz vorbei auf einen Wiesenpfad.

Kurz bevor wir die Römerstraße erreichen, können wir rechts ein Areal bewundern, in dem viele seltene Pflanzen blühen, so auch Trollblumen im Juni. Jetzt gehen wir rechts auf das weithin sichtbare Schloss Marzoll zu, eine kastellartige Anlage, die

 9,4 km 211 Hm   auch im Winter fast immer gangbar

 St. Zeno, Schloss Marzoll Gasthaus Obermühle, Schlossberghofstüberl

Marzoller Kirche St. Valentin mit Schloss im Hintergrund

bereits im 16. Jahrhundert entstand und deren massive Ecktürme an Befestigungsbauten der italienischen Renaissance erinnern.

Nachdem wir das Schloss und die Pfarrkirche St. Valentin passiert haben, zweigen wir nach zwei weiteren Häusern rechts ab und queren den Parkplatz. Dahinter führt uns – zunächst links an der Friedhofsmauer entlang – ein schöner Pfad durch die Wiese zwischen Sportplatz und Waldkindergarten. Wir stoßen auf einen breiteren Weg, wo wir uns links halten. Wir gelangen zu einer Brücke, steigen über zahlreiche Stufen hinauf und queren ein Waldstück. Uns Richtung St. Zeno haltend erreichen wir die Tumpenstraße, wo wir ein kurzes Stück links (am Gasthaus Obermühle entlang) vorgehen. Dann nehmen wir den kleinen Weg rechts über eine Brücke und zwischen Häusern hindurch und gelangen zu einer Weggabelung, wo nur ein Pfeil auf einem

Pfosten auf unseren, den rechten Pfad verweist. Wir passieren jetzt die waldige Region unter dem Kirchholz-Truppenübungs-

platz, steigen noch ein Stück hinauf und folgen zunächst der Ausschilderung nach Bad Reichenhall Stadtmitte und lassen uns an der zweiten Wegkreuzung im Wald nicht nach St. Zeno ablenken, sondern gehen nochmals ein kurzes Stück bergauf und dann lange eben durch den Wald.

Ab der nächsten Kreuzung können wir den Schildern wieder trauen: Der ausgeschilderte (mittlere) Weg bringt uns hinab und wir gehen auf der Waldseite am Friedhof und der Klosteranlage entlang, um dann nach rechts in einen kleinen Pfad einzubiegen (nur rückwärtig ausgeschildert).

Dieser führt durch einen Innenhof und ein gusseisernes Tor zur Pfarrkirche St. Zeno. Man sollte nicht versäumen, einen Blick auf das kunsthistorisch herausragende romanische Rundbogenportal der Pfarrkirche St. Zeno und die davor sitzenden Löwen zu werfen.

Romanischer Löwe in St. Zeno

Blick zur Schlafenden Hexe

Naturpark Untersberg
& Salzburger Freilichtmuseum

Schöne Pfade durch Wälder und Wiesen wechseln sich ab mit kleinen Zufahrtsstraßen und Forstwegen: Eine Vielzahl von Natureindrücken und schönen Aussichten prägen diese Tour, die mit einem Besuch im wahrhaft lohnenden Salzburger Freilichtmuseum verknüpft werden kann.

📍 Bad Reichenhall-Marzoll, Parkplatz Friedhof (Abzweigung von der Straße „Schlossberg" zwischen Haus Nr. 12 und 14), Bushaltestelle Marzoll Ort, von dort etwa 300 Meter am Schloss vorbei aufwärts gehen

🕐 3 Stunden (ohne Museumsbesuch): bis Hinterreit 30 Min., nach Tannenwinkel 45 Min., über den Tannenwinkelweg weiter nach Bruchhäusl 15 Min., zum Latschenwirt 30 Min., über den Hasenweg zum Freilichtmuseum 40 Min., Rückweg nach Marzoll 20 Min.

Vom Parkplatz aus gehen wir links an der Friedhofsmauer entlang, dann auf einem kleinen Pfad durch die Wiese (zwischen Sportplatz und einem Waldkindergarten) und stoßen auf einen

Aussicht in Tannenwinkel
zum Hochstaufen

breiteren Pfad, wo wir nach links abzweigen. Unser Weg führt über eine Brücke und dann mittels einiger Stufen und kleiner Kehren in ein Waldstück hinauf. Bei einer Weggabelung nehmen wir den linken Zweig – Hinterreit und Latschen geben die Schilder hier bereits als Ziele an.

Bald treten wir aus dem Wald heraus und ein schmaler Pfad bringt uns durch die Wiese zu einem weithin sichtbaren Bauernhof, dessen Zufahrt an der

 10,9 km   233 Hm

Wanderwege auch im Winter meist begehbar, Museum im Winter – außer an den Adventssonntagen und in der Weihnachtszeit – geschlossen

Salzburger Frei-
lichtmuseum

Latschenwirt, Salettl
im Freilichtmuseum

Salzburger Straße endet. Wir queren diese Landstraße und gehen gegenüber in die kleine Straße hinein, die zunächst zu einer Häusergruppe im Ortsteil Schwaig führt.

Hinter dem letzten Haus geht die Teerstraße in eine Sandstraße über, die wir etwa zehn Minuten später nach rechts Richtung Tannenwinkel verlassen. Bei der baldigen Weggabelung bleiben wir wieder rechts, „Tannenweg" lautet der Holzwegweiser.

Der breite Sandweg wird bald schmäler und führt wunderschön am Waldrand entlang und gibt viele Blicke frei zum Hochstaufen, weiteren Gipfeln der Chiemgauer Alpen und in das Lattengebirge. Sogar die so genannte „Schlafende Hexe" lässt sich erkennen, deren Körperprofil – auf dem Rücken liegend mit Kopf nach links – durch die Rotofen-Gipfel gebildet wird.

Der Waldsteig endet bei einem Sträßchen, wo wir nach links hinunter gehen. Kurz darauf treffen wir auf den Bruchhäusl-Parkplatz und zweigen scharf nach links auf den breiten Wanderweg ab. Dieser bringt Weg uns in das Gebiet des Naturparks Untersberg, vorbei an einer Waldandachtskapelle und einer Kneipp-Anlage, wo auch gemütliche Liegen und Sitzgruppen zur Rast einladen. Kurz nach einer Brücke könnten wir nach rechts in einen kleinen Pfad abzweigen und so einen Teil des Waldquiz-Weges mitnehmen.

Allerdings sind die dazugehörigen Wege zum Teil etwas eingewachsen, streckenweise morastig und die Stationen sind zwar gut gemeint, aber nicht gepflegt. So finden sich beispielsweise bei der Tannenzapfen-Weitwurf-Station keinerlei Tannenzapfen, dafür aber jede Menge Unrat in dem dafür vorgesehenen Behälter und die Wissensquiz-Tafeln sind für Kinder – und auch für die meisten

Früchte des Schneeballstrauchs

Telekie, ein Korbblütler

Beim Salzburger Freilichtmuseum

Erwachsenen – zweifelsohne zu schwierig. Wer jedoch die Abwechslung, statt des breiten Wanderwegs kleine Pfade zu gehen, schätzt, findet diese auf den Schleifen des Waldquiz-Wegs. Am Ende gelangen wir zum Latschenwirt, einem sehr gepflegten Gasthaus, das liebevoll renoviert wurde und beispielsweise auch bei der Einzäunung auf alte Traditionen setzt.

Nach einer eventuellen Rast gehen wir ein kleines Stück an der Straße entlang nach rechts, um dann schräg gegenüber nach links abzuzweigen Richtung Salzburger Freilichtmuseum – über den so genannten Hasenweg. Vorbei an einem kleinen Fitnessparcour führt uns dieser gemütliche Forstweg hinab zum Gelände des Freilichtmuseums. Ein Durchschlupf im Zaun ermöglicht uns, direkt zu

dem Eingang dieses lohnenden Museums zu gelangen: Das Salzburger Freilichtmuseum hat über 100 alte Gebäude – meist bäuerliche Anwesen – aus allen Regionen des Salzburger Landes restauriert und auf diesem Gelände wieder aufgebaut, welches man auch mit einer Museumsbahn durchqueren kann. Nach Verlassen des Museums gehen wir rechts durch die Parkplätze zur Salzburger Straße und halten uns dort links. Etwa 900 Meter müssen wir jetzt auf dem Fußweg parallel zur relativ viel befahrenen Straße entlang gehen, queren dann aber bei der Einmündung der Fürstenbrunner Straße auf die gegenüberliegende Seite und gehen über die so genannte „grüne" Grenze, die nur Fußgängern und Radfahrern gestattet ist, nach Marzoll zurück.

Ruine Plainburg & Wolfschwang

*Die über 900 Jahre alten Ruinenmauern geben einen will-
kommenen Anlass durch die schönen Wohngegenden
Großgmains – mit einigen Villen und Parks – zu spazieren. Ein
Waldweg verbindet die Ruine mit der Wolfschwang-Alm, die
mit großer Terrasse und herrlicher Aussicht lockt.*

📍 Bayerisch Gmain, Parkplatz Haus des Gastes (Touristinfo;
Großgmainer Str.), Bushaltestelle Bayerisch Gmain Ort

🕐 2 ¾ Stunden: nach Großgmain über Wiesenwege und kleine
Straßen 20 Min., zur Ruine Plainburg 40 Min., Wolfschwang
30 Min., Großgmain über Hochburgerhöhe 1 Std., Rückweg
nach Bayerisch Gmain 15 Min.

Wir wenden uns vom Parkplatz
aus weg von der Straße und
unterhalb des Kurgartens entlang und kommen kurz darauf
zu einer Wegkreuzung, wo nur
ein weißes, älteres Schild nach
links Richtung Großgmain weist.

Dieser Weg entlang einer Hecke
geht in die (Bayerisch Gmainer)
Plainburgstraße über. Dort, wo
diese einen Knick nach rechts
nimmt, gehen wir geradeaus in
den schmalen Max-Höser-Weg.
Diesen verlassen wir kurz da-

Ausblick von der Wolfschwang-Alm
zu Zwiesel und Hochstaufen

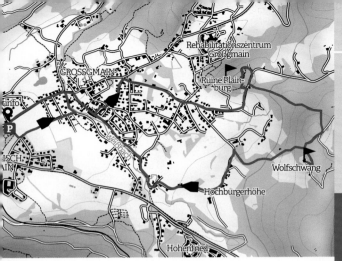

rauf wieder mittels einer kleinen Treppe, die steil nach unten zur Weißbachstraße führt. Dort gehen wir links, gelangen so zur Salzburger Straße in Großgmain. Entlang dieser stark befahrenen Straße gehen wir einige Meter nach rechts (und überschreiten damit die Grenze nach Österreich), um dann wiederum rechts in die Staufenstraße abzubiegen. Dieser Straße, die nach etwa 200 Metern einen Bogen nach links nimmt, folgen wir, bis sie auf die (Großgmainer) Plainburgstraße stößt.

Jetzt gehen wir nach rechts, nicht ohne einige prächtige Villen und ihre Parks zu bestaunen,

und erblicken nach einer Weile links über uns die Plainburg. Für den Aufstieg zur Ruine der ehemaligen Burg der Grafen von Plain, die bereits im Jahre 1100 erbaut wurde, wählen wir den kleinen Pfad, der gleich hinter dem letzten Haus auf der linken Seite beginnt.

Nachdem wir den breiteren Kiesweg für unseren Abstieg genommen haben, gehen wir kurz rechts und sehen dann zu unserer Linken Wegweiser, die nach Wolfschwang deuten. Wir folgen diesem anfangs etwas steilen Waldweg und halten uns zweimal rechts bei den Wegkreuzungen. Am Ende geht es links hinauf zum Bergrestaurant

 8,3 km 275 Hm

 Ruine Plainburg, Marienwallfahrtskirche

 Bergrestaurant Wolfschwang-Alm, Lokale in Großgmain, Pizzeria Bella Italia (Haus des Gastes, Bayerisch Gmain)

Ruine Plainburg

„Wolfschwang-Alm", die auch für Familien mit Kindern einiges zu bieten hat.

Nach einer verdienten Rast gehen wir zunächst ein Stück auf dem gleichen Weg bergab, halten uns dann aber links Richtung Großgmain.

Etwa 20 Minuten gehen wir wieder links Richtung Hochburgerhöhe, zweigen am Ende der gleichnamigen Straße nach links in den Grenzweg ab und folgen nun, teils auf schmalen Pfaden, dem Weg, der entlang des Weißbachs hinunter führt. So stoßen wir auf die bereits bekannte Staufenstraße kurz vor der Landesgrenze und können entweder entlang der Straße oder auf der Ausweichroute des Hinwegs zurück zum Haus des Gastes in Bayerisch Gmain gehen.

In Großgmain lohnt sich ein kurzer Abstecher zur dortigen Marienwallfahrtskirche:

Marienkirche in Großgmain

Die Tafelbilder im Altarraum stammen aus dem 15. Jahrhundert und zählen zu den kostbarsten spätgotischen Kunstwerken in Österreich und Süddeutschland. Zudem sind auch der Brunnen mit der milchspendenden Maria und der Marienheilgarten einen Blick wert.

Dötzenkopf, 1.001 m

Zwar auf steilen, aber unkomplizierten Wegen lässt sich der Dötzenkopf erobern, eine Aussichtsloge über dem Reichenhaller Talbecken. Zudem beglückt eine abwechslungsreiche Blütenpracht entlang der Pfade die Wanderer.

📍 Bayerisch Gmain, Parkplatz Wanderzentrum Bergkurgarten, Bus- und Bahnhaltestelle Bayerisch Gmain, von dort ca. 20 Min. zusätzlicher Fußweg

🕐 3 Stunden: zur Senke unterhalb des Wappachkopfs 30 Min., auf den Dötzenkopf 1 Std., Abstieg zurück zur Senke und zum Wappachkopf 45 Min., rückseitiger Abstieg vom Wappachkopf 15 Min., Querung zum Wanderparkplatz 30 Min.

Am Dötzenkopf

DÖTZENKOPF

Wir nehmen den breiten Weg, der vom Wanderparkplatz aus nach oben führt, wo unter anderem auch der Dötzenkopf als Ziel angeschrieben ist.

Nach etwa fünf Minuten zweigt rechts ein ausgeschilderter Weg ab, auf dem wir mittels einer Eisenbrücke den Wappach überqueren können. Auf der gegenüberliegenden Seite nimmt der Weg einen Bogen nach rechts und wir steigen auf einem schönen Pfad bergauf. Dort, wo wir die Senke unterhalb des (ausgeschilderten) Wappachkopfs erreichen, halten wir uns links und gelangen

🕐 4,6 km   ➚ 475 Hm   keine

über immer steileres Gelände, wo im Mai unzählige Maiglöckchen blühen, nach oben zum Gipfel.

Für den Abstieg nehmen wir den gleichen Weg bis zur Senke unter dem Wappachkopf. Hier bleiben wir geradeaus, besteigen also den kleinen Aussichtsgipfel und gehen über ihn hinweg.

Hier weisen zwar keinerlei gelbe Schilder den Weg, doch prägnante Markierungen des SalzAlpenSteigs machen die Route ganz eindeutig. Diesen Markierungen folgend knicken wir kurz nach dem Gipfel nach links ab, und gehen dann in einem Rechtsbogen auf einem immer breiteren und zwischenzeitig sogar asphaltierten Weg hinab. Sobald der Weg etwas flacher wird, zeigen uns gelbe Wegweiser den nach rechts rückwärts abzweigenden Weg Richtung Bayerisch Gmain (Dötzenkopfrunde) und wir verlassen den SalzAlpenSteig.

Ein netter kleiner Pfad bringt uns zu einer Häusergruppe, wir gehen kurz der Straße entlang und dann ausgeschildert über eine Brücke und bis zu einem Kriegsgräber-Denkmal. Dort halten wir uns nach rechts oben, erreichen somit die Alpentalstraße und gehen auf dieser oder neben ihr durch den Bergkurgarten zum Parkplatz zurück.

Alpgarten- & Mais-Rundweg

Während der Alpgarten-Rundweg nette kleine Pfade und schöne Naturerlebnisse entlang eines Bergbaches, des Wappachs, bietet, lockt der Mais-Rundweg mit informativen Tafeln, kleinen Erlebnis- und Entspannungsstationen. Der Mais-Rundweg verläuft auf bequemen Wegen, so dass er sich auch gut für Familien mit kleinen Kindern und sogar für Kinderwägen eignet.

📍 Bayerisch Gmain, Parkplatz Wanderzentrum Bergkurgarten, Bus- und Bahnhaltestelle Bayerisch Gmain, von dort ca. 20 Min. zusätzlicher Fußweg

🕐 Alpgarten-Rundweg 1 ½ Stunden: Aufstieg auf der linken Seite des Wappachs 1 Std., Rückweg ½ Std.

Maisweg 1 Stunde: jeweils 30 Min. hin und zurück (reine Geh-zeit), Tipp: zum Betrachten der Tafeln und Ausprobieren der Stationen mehr Zeit einplanen!

Für den **Alpgarten-Rundweg** nehmen wir den breiten Wanderweg, der sich vom Wanderparkplatz aus nach rechts oben neben dem Wappach entlang zieht. Wir folgen stets der Ausschilderung „Alpgarten Rundweg" und lassen uns nach etwa 20 Minuten nicht von den Wegweisern Richtung „Alpgarten-Speik Rundweg" irritieren, sondern bleiben auf unserem geradeaus weiterführenden Weg.

Kurz darauf überqueren wir einen kleinen Nebenbach mittels einer Brücke und wandern bald oberhalb des immer wilder eingeschnittenen Wappachs entlang. Viele verschiedene Blütenpflanzen begegnen uns hier

Wasserfall im Alpgarten

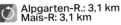
⏱ Alpgarten-R.: 3,1 km
Mais-R.: 3,1 km

📐 Alpgarten-R.: 259 Hm
Mais-R.: 69 Hm

   nur Mais-Rundweg

❄ auch im Winter gangbar (nur Mais-Rundweg)

ALPGARTEN- + MAISR.

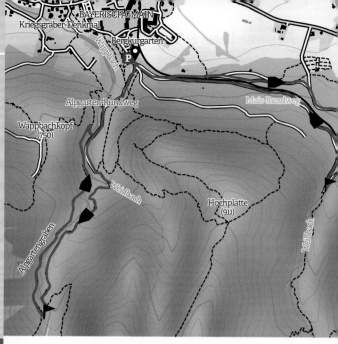

BAYERISCH GMAIN
Kriegsgräber-Denkmal
Bergkurgarten
P
Wappbach
Alpgarten-Rundweg
Mais-Rundweg
Wappbachkopf
(750)
Weidbach
Hochplatte
(911)
Alpgartengraben
Weidbach

in sämtlichen Frühlings- und Sommermonaten – den Namen „Alpgarten" trägt dieses Tal zu Recht.

Kurz nachdem ein Pfad Richtung Dreisesselberg abgezweigt ist, erreichen wir eine Eisenbrücke und dann den Wendepunkt unserer Tour. Auf schmalen Steigen, teils ein Stück oberhalb, teils aber auch direkt am Bachufer, wo sich schöne Stellen zum Rasten oder Abfrischen eignen, gehen wir wieder bachabwärts, nehmen dann rechts eine Eisenbrücke und erreichen linkerhand nach wenigen Minuten den Wanderparkplatz.

Der Mais-Rundweg ist ab dem Wanderparkplatz ebenfalls gut ausgeschildert. Er startet auf der unteren Sandstraße – quasi als Fortsetzung der Alpentalstraße, die wir genutzt haben, um zum Parkplatz zu kommen. Bald überqueren wir die Bahngleise und gehen unterhalb der Bahnstrecke weiter. Als erste Station begegnen uns Informationstafeln zum Thema Salz, dessen Abbau und Transport diese Region stark geprägt haben: Wir bewegen uns teilweise parallel zur heutigen Soleleitung, mittels derer das im Berchtesgadener Salzbergwerk ausgelöste salzhaltige Wasser (die Sole) zur Saline in Bad Reichenhall geleitet wird. Für die

Holzschnitzereien bei den Rastplätzen

Wasser-Station müssen wir ein paar Stufen zu einer Metallbrücke hinaufgehen und den Weißbach überqueren.

Wippen und weitere Spielgeräte machen diesen Ort zu einem beliebten Treffpunkt – wobei das Spiel im meist überwiegend trocken gefallenen, kiesigen Bachbett die größte Anziehungskraft auf die Kinder ausübt. Bei der Gelegenheit können wir auch die hohe Eisenbahnbrücke rechts von uns bewundern, die vermutlich wegen ihrer kunstvollen Konstruktion Römerbrücke genannt wird, obwohl sie erst 1888 beim Bau der Eisenbahnstrecke nach Berchtesgaden entstanden ist.

Wieder zurück auf der anderen Weißbachseite, gehen wir noch ein kurzes Stück bachaufwärts – unter der Römerbrücke hindurch – und wenden uns dann nach rechts rückwärts, wo der Mais-Rundweg seine Wende nimmt und uns gleich die Geologie-Station erwartet. Entlang eines etwas schmaleren, aber immer noch kinderwagen-gerechten Weges mit weiteren, wirklich interessanten Stationen und einigen Möglichkeiten für die Kinder, mit Wasser zu spielen, gelangen wir zurück zum Bergkurgarten.

Römerbrücke am Mais-Rundweg

ALPGARTEN + MAISR.

Hochplatte, 911 m

Nicht lang, aber dennoch recht anspruchsvoll ist die Wanderung auf die Hochplatte, einen Vorgipfel im Lattengebirge. Wer schmale, verwunschene Pfade durch den Wald und steile Anstiege über viele Wurzeln und Stufen mag, kommt bei dieser Runde voll auf seine Kosten.

📍 Bayerisch Gmain, Parkplatz Wanderzentrum Bergkurgarten, Bus- und Bahnhaltestelle Bayerisch Gmain, von dort ca. 20 Min. zusätzlicher Fußweg

🕐 2 ¼ Stunden: Anstieg mit Abstecher zum Aussichtspunkt 1 ½ Std., Abstieg 50 Min.

Vom Parkplatz gehen wir zunächst ein Stück nach oben – neben vielen anderen Zielen ist auch der Hochplatten-Rundweg ausgeschildert. Doch bereits nach etwa 100 Metern zweigt unser Weg links ab, kreuzt die Rodelbahn und geht dann als Waldpfad mit vielen Stufen steil aufwärts.

Eine knappe halbe Stunde später geht unser Weg nach rechts weg. (Auf dem von vorne einmündenden – nicht beschilderten – Weg kommen wir am Ende des Rundwegs wieder zurück.) Bald darauf ist ein Abstecher zur Aussichtskanzel gut ausgeschildert und lohnt vor allem wegen des schönen Blicks hinüber zum

Kugelblumen vor dem verschneiten Lattengebirge

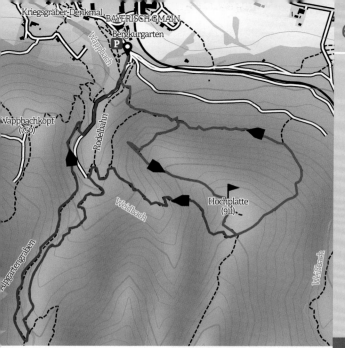

Hochstaufen-Massiv. Das letzte Stück des Anstiegs verläuft auf schönem Pfad oben auf einer Geländekuppe entlang und ermöglicht viele Blicke hinüber zu den hohen Gipfeln des Lattengebirges, auch die Bergstation der Predigtstuhlbahn ist gut zu erkennen.

Der Abstieg von dem 911 Meter hohen Gipfelplateau mit seinen zwei Bänken erfolgt in einem Bogen und teilt sich dann nochmal. Wir nehmen den als „Hochplatte Rundweg" ausgeschil-

Gipfelplateau auf der Hochplatte

derten Zweig nach links. Dieser verliert zunächst recht steil an

 3,1 km   375 Hm

 für Kinder geeignet, falls trittsicher   keine

Blick auf Großgmain
mit Marienkirche

Höhe, um dann als kleiner Pfad quasi eben wieder am Hang entlang zurückzuführen. An einer Stelle muss man gut auf die Markierungen achten (leider kein gelbes Schild!), da scheinbar ein Weg durch ein Graben nach unten zu führen scheint, tatsächlich sich der Wanderweg aber kurz hinaufschwingt, was viele und deutliche Markierungen an den Bäumen klarstellen. Sobald wir wieder auf Wegschilder treffen, ist der Rundweg vollendet und wir steigen noch etwa eine Viertelstunde auf dem gleichen Weg wie anfangs zum Wanderparkplatz hinab.

Variante

Wer die Tour etwas länger gestalten möchte, kann die Besteigung der Hochplatte auch mit dem Alpgarten-Rundweg kombinieren, was etwa 1 ¼ Stunde zusätzliche Wanderzeit bedingt: Unterhalb des Hochplatten-Gipfels nicht links, sondern rechts abzweigen, ebenfalls Richtung Bayerisch Gmain. Kurz darauf wieder rechts.

Nach einer knappen halben Stunde des Abstiegs nehmen wir den linken Abzweiger, hier ist der Alpgarten-Rundweg erstmals erwähnt. Jetzt halten wir uns noch zweimal links und folgen der Ausschilderung des Alpgarten-Rundwegs, der auf schönen Pfaden – mit teils aufregenden Tiefblicken – entlang des Wappachs und zweier Nebenbäche erst aufwärts und dann auf der anderen Bachseite wieder abwärts zum Wanderparkplatz führt.

Freimahderköpfl, 1.020 m

Ein kaum bekanntes Kleinod, das viele abwechslungsreiche Natureindrücke schenkt: Die Löwenschlucht, der Kamm des Freihmaderköpfls und die tief eingeschnittenen Bachtäler ergeben eine schöne Rundtour.

📍 Bayerisch Gmain, Wanderparkplatz beim Friedhof (von der B 20 zwischen Bischofswiesen und Bayerisch Gmain 200 Meter nach dem Gasthof Dreisesselberg nach links in die Friedhofstraße abbiegen), Bushaltestelle Bayerisch Gmain Dreisesselberg, von dort ca. 10 Min. zusätzlicher Fußweg

🕐 3 Stunden: Anstieg über Löwenschlucht (Felsenbach) auf den Kamm des Freimahderköpfls 1 ½ Std., Abstecher zum Freimahderköpfl (hin und zurück) 30 Min., Abstieg zum Speikbach 30 Min., Rückweg zum Friedhof 35 Min.

Gipfelbank auf dem Freimahderköpfl

FREIMAHDERKÖPFL

Wir gehen zum oberen Rand des Parkplatzes in der Nähe der Aussegnungshalle, wo Schilder den Weg, auch Richtung Freimahderköpfl, weisen.

Entweder nehmen wir den ausgeschilderten Karrenweg oder den kleineren Pfad links von den Schildern – beide münden in den breiteren Maisrundweg, wo wir uns dann links halten. Bald zweigen wir – unmittelbar nach dem Hochbehälter der heutigen, unterirdisch verlaufenden Soleleitung – nach links ab und nehmen die Metallbrücke über den Weißbach. Ein netter kleiner Pfad mit einigen

🔄 5,6 km   📈 518 Hm   ⭐ 🚌 🎄 🍴 Ghs. Dreisesselberg

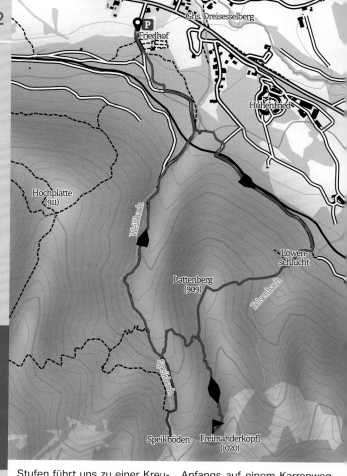

Stufen führt uns zu einer Kreuzung, wo wir uns rechts halten und die Bahngleise überqueren. Jetzt gehen wir links und folgen der breiten Forststraße etwa 500 Meter. Oberhalb eines Wartungshauses der Soleleitung zweigt unser Weg nach rechts in die Löwenschlucht ab.

Anfangs auf einem Karrenweg, doch schon bald auf einem netten kleinen Waldpfad (links abzweigend) gewinnen wir schnell an Höhe und kommen auf eine Schneid, wo eine Bank zur Rast einlädt.

Hier können wir noch einen lohnenden Abstecher machen, der

Felsloch am Lattengebirgskamm

aber Trittsicherheit verlangt: Links geht ein kleiner (ausge-schilderter) Pfad nach oben. Dieser windet sich an dem licht bewaldeten Kamm entlang, erlaubt interessante Blicke in die rechts und links gelegenen Schluchten mit ihren Wasserfällen und auf die sich auftürmenden Gipfel des Lattengebirges, unter anderem auch auf die als „Schlafende Hexe" titulierten Gipfel. Der Pfad endet an einem lauschigen Platz mit einer Bank auf 1.020 Metern Höhe, das Gelände dahinter ist steil und unwegsam. Der Abstieg erfolgt auf demselben Pfad zurück zu der unteren Bank, wo es dann nach links hinabgeht. Nach dem steilen Serpentinen-Abstieg trifft der Pfad auf einen etwas breiteren Weg, wo wir rechts Richtung Bayerisch Gmain hinab gehen. Mittels einer Steinbrücke überqueren wir den Weißbach, bleiben dann bei der Weggabelung geradeaus am Bach und gehen unter der hohen Bahnbrücke hindurch. Keine zehn Minuten später biegen wir rechts ab und gehen zurück zum Friedhof.

Variante
Die wilden Speikböden mit ihrem Wasserfall sind einen Abstecher wert: Nach dem Serpentinen-Abstieg vom Freimahderköpfl gehen wir nicht rechts hinab, sondern nach links, also leicht aufwärts auf dem Weißbach-Speik-Rundweg. Dort, wo die Ausschilderung nach rechts weist, gehen wir unausgeschildert noch ein Stück im Bachbett weiter geradeaus. Nachdem wir die abgelegenen Speikböden genossen haben, gehen wir wieder zurück zum offiziellen Weg und dann geradeaus abwärts, also an der Stelle vorbei, wo wir vom Freimahderköpfl herunter gekommen sind.

Hinweis
Die Tour bietet sich vor allem im Frühjahr und Herbst an, da im Sommer dort viele Zecken auftreten. Daher empfiehlt es sich auf jeden Fall lange Hosen zu tragen.

In den Speikböden

FREIMAHDERKÖPFL

Ruhpoldinger Dorfzentrum & Adlerhügel

Die Kirche St. Georg prägt das Ruhpoldinger Ortsbild durch ihre exponierte Lage auf dem Kirchberg – einer der Höhepunkte des Rundgangs durch den weitläufigen Ort. Entlang von Flussufern, durch offene Wiesen und Waldpassagen und über den Adlerhügel führt der reizvolle Spaziergang, der einen kleinen Einblick in die Ruhpoldinger Geschichte gewährt.

📍 Ruhpolding-Zentrum, Wanderparkplatz Egglbrücke (Zeller Straße), Bus- und Bahnhaltestelle Ruhpolding Bahnhof (von dort durch die Bahnhofstraße zur Hauptstraße, dann links, am Kreisverkehr die erste Straße rechts und gleich hinter der Brücke die Straße queren und Fußweg entlang der Urschlauer Ache nehmen, bald rechts in Parkweg, der zur Egglbrücke führt, ca. 10 Minuten zusätzlicher Weg)

🕐 3 Stunden: entlang der Traun und über die Schlossstraße zum Heimatmuseum 45 Min., zur Kirche St. Georg 20 Min., über den Adlerhügelrundweg nach Maiergschwendt 45 Min., zur Mühlbauernbrücke (Windbeutelgräfin) 35 Min., über Wasen und den Sagenweg zur Egglbrücke 30 Min.

Wir gehen über die Zeller Straße, bleiben aber auf dieser Seite der Traun, halten uns entlang der Tennisplätze und der Halle und überqueren dahinter die Urschlauer Ache mittels der Waldbahnbrücke. Dieser Name erinnert an die 1922 bis 1940 existierende Schmalspurbahn, mit der vor allem Holz aus den Bergtälern nach Ruhpolding geschafft wurde. Jetzt können wir die schmalen Pfade am Traunufer entlang nutzen, beim Bojernsteg einen kleinen Schlenker nach

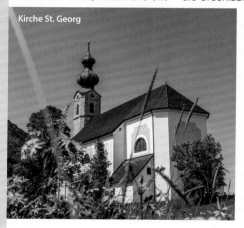
Kirche St. Georg

links machen und etwa zehn Minuten durch den Wald bis zu einer Stelle gehen, wo gelbe Schilder besagen, dass es nur noch fünf Minuten bis zum Bibelödersteg wären. Wir jedoch gehen nach links, dann gleich wieder links in die Waldbahnstraße und nach einer Rechtskurve geradeaus in die Wiesenstraße. Wir nehmen die Unterführung

unter der Bahn hindurch und gehen 50 Meter weiter halblinks in die Schlossstraße (eine Anliegerstraße mit einigen Verbotsschildern). Dies ist einer der schönsten Zugänge zum Ruhpoldinger Ortszentrum, da wir etwas erhöht an Wiesen entlang laufen und einen weiten Blick haben.

 8,4 km   156 Hm

 Kirche St. Georg, Ortskern

🍴 „Maiers" im Landhotel Maiergschwendt, Windbeutelgräfin

Ruhpoldinger Madonna

Wir treffen auf das ehemalige herzogliche Jagdschloss, das heute das Bartholomäus-Schmucker-Heimatmuseum beherbergt. Vom Heimatmuseum aus gehen wir vor zur Hauptstraße, dort dann rechts und nach gut 50 Metern links Richtung Rathaus, welches durch Lüftlmalereien rund um Fenster und Türstöcke ins Auge fällt. Die Rathausstraße mündet in die für den Durchgangsverkehr gesperrte Kirchbergasse, die wir nach rechts aufwärts nehmen. Über Treppen oder einen etwas weniger steilen Fußgängerweg gelangen wir zu der Kirche St. Georg, die hoch über dem Ort thront und ihm damit sein unverwechselbares Ortsbild verleiht. Die Rokokokirche wurde im 18. Jahrhundert errichtet und beeindruckt durch ihre harmonische Innenausstattung im üppigen Stil dieser Zeit und eine sehr viel schlichtere Madonnenfigur (rechts vom Altar), der Ruhpoldinger Madonna, die aus dem 13. Jahrhundert stammt. Der rechts darüber liegende Bergfriedhof mit der Friedhofskapelle, die auf dem Standort der früheren romanischen Georgskirche steht, lohnt ebenfalls einen Besuch. Danach halten wir auf den neuen Friedhof unterhalb der Kirche zu und gehen an ihm entlang oder hindurch und betrachten kurz danach die Leichenbretter an dem Baum, mit denen vor allem jung Verstorbener gedacht wird.

Rechts neben dem Baum lädt uns ein Pfad durch die Wiese ein, eine Abkürzung zum Ortsteil Buchschachen hinauf zu nehmen. Dort gehen wir rechts und nehmen kurz darauf den linken Zweig des in zwei Richtungen ausgeschilderten Adlerhügel-Rundwegs und gelangen somit durch ein Waldstück in einem weiten Bogen nach Maiergschwendt (30 Min). Beim Landhotel Maiergschwendt gehen wir zwischen

St. Sebastian-Schützenkapelle

Blick zum Adlerhügel

den Gebäuden zur Straße hinab, der wir für etwa 150 Meter nach links folgen. Dann biegen wir wieder links ab (Richtung Brandstätter Brücke und Ruhpolding) und nehmen einen Wanderweg auf, der uns durch ein Waldstück oberhalb eines steilen Abhangs und dann durch eine offene Landschaft bis an eine Brücke über die Urschlauer Ache (Brandstätter Brücke) bringt. Wir gehen aber nicht über diese Brücke, sondern zunächst links ein Stück die Brandstätter Straße hinauf, um dann rechts Richtung Wasen abzubiegen. Ein kleiner steiler Pfad bringt uns hinab zur Mühlbauernbrücke und wir überqueren zunächst die Urschlauer Ache und dann die Brander Straße, um schräg gegenüber eine Zufahrtstraße (links von der Windbeutelgräfin) aufzunehmen.

Dieser folgen wir – eine Abzweigung nach links ignorierend – bis in den Ortsteil Wasen, nehmen dort zweimal die breiteste der Straßen nach links und gehen dann – nach einer Rechtskurve – links in eine kleine Straße, die in einen Wiesenpfad übergeht (Ausschilderung: Richtung Ruhpolding über Sagenweg). Dieser Pfad mündet in einen breiteren Wanderweg, wo wir uns rechts halten und im weiteren Verlauf einige alte Sagen auf Tafeln lesen können. Wir überqueren die Seehauser Straße und gehen an der malerisch gelegenen St. Sebastian-Schützenkapelle vorbei und halten uns bei der nächsten Weggabelung nach rechts (Ausschilderung: Egglbrücke) und stoßen bei einer geschichtsträchtigen Skulptur auf die Traun: Das kleine Denkmal erinnert an die Gründung der politischen Gemeinde Ruhpolding im Jahre 1882 – drei Gemeinden schlossen sich damals zusammen.

Wir halten uns jetzt links und gehen an der Traun entlang zurück zur Egglbrücke.

Denkmal:
Die Gründung Ruhpoldings

Infangtal & Wittelsbacher Höhe

Eine überaus abwechslungsreiche Runde: kleine Pfade, weite Wiesen, ein enges Bachtal, Forstwege und ein schöner Steig durch den Wald. Über das lauschige Infangtal und bequeme Forststraßen gelangen wir zur Wittelsbacher Höhe mit ihren schönen Ausblicken.

📍 Ruhpolding-Zentrum, Wanderparkplatz Egglbrücke (Zeller Straße), Bus- und Bahnhaltestelle Ruhpolding Bahnhof (von dort durch die Bahnhofstraße zur Hauptstraße, dann links, am Kreisverkehr die erste Straße rechts und gleich hinter der Brücke die Straße queren und Fußweg entlang der Urschlauer Ache nehmen, bald rechts in Parkweg, der zur Egglbrücke führt, ca. 10 Minuten zusätzlicher Weg)

🕐 3 ¼ Stunden: zum Bäckersteg 15 Min., zur Windbachstube 1 Std., zur Wittelsbacher Höhe 1 Std., Abstieg zur Brandler Alm (Ghf.) 40 Min., Rückweg zur Egglbrücke 15 Min.

Ruhpolding mit Hochfelln

Wir überqueren die Traun auf der Egglbrücke und gehen auf der anderen Seite gleich nach rechts die Traun entlang. Bald taucht rechts ein Steg auf, den wir überqueren, so dass wir einen kleinen schmalen Pfad direkt am Traunufer nehmen können. Unser erstes Ziel, das Infangtal über den Golfplatz, ist hier bereits ausgeschildert.
Unser Weg nimmt – nach dem nicht von uns genutzten Bäckersteg – einen Bogen nach links, wir gehen jetzt entlang des schmalen

Windbachs und geraten bald in die Golfplatz-Region. Wegweiser leiten uns in den Ortsteil namens Infang, wir folgen der Straße und nach deren Ende dem Forstweg ins Infangtal hinein. So gelangen wir zu einer Weggabelung unterhalb der malerischen Windbachstube, einer Forstdiensthütte.

Hier gehen wir nach links ab (Ausschilderung „Brandler Alm"), ignorieren dann einen Abzweiger und bewältigen eine steile Haarnadelkurve. Bei der nächsten Kreuzung ist auch unser nächstes Zwischenziel, die Wittelsbacher Höhe, nach links ausgeschildert und der Weg wird jetzt deutlich flacher und erlaubt mehrals Ausblicke auf die umliegende Bergwelt. Auf der Wittelsbacher Höhe, direkt unterhalb der nächsten Abzweigung, lädt eine Bank zum Verweilen und Schauen ein. Dieser schöne Platz mit herrlichem Blick auf Ruhpolding erhielt seinen Namen Anfang des 20. Jahrhunderts, um das bayerische Königshaus zu ehren. Eine steile Baumallee führt hier hinab, doch können wir rechts vom Weg kleine Pfade finden, die den Abstieg erleichtern.

Ein schöner Waldweg, nochmals mit einer Aussichtsbank im unteren Teil, bringt uns hinunter bis zum Alpengasthof Brandler Alm, dessen Terrasse mit schöner Aussicht lockt. Entweder über den Wiesenpfad unterhalb der Terrasse oder über die Zufahrtsstraße gelangen wir zurück zur Egglbrücke.

 8,6 km 317 Hm    **Alpengasthof Brandler Alm**

Nördliche Traunauen & Vordermiesenbach

Ein wilder Steig entlang der Traun lässt sich wunderbar kombinieren mit kleinen Feldwegen und wenig befahrenen Straßen, so dass wir schöne Wiesenlandschaften queren und bei Vordermiesenbach einen weiten Blick übers Ruhpoldinger Tal und seine Bergumrahmung genießen können.

📍 Ruhpolding-Zentrum, Wanderparkplatz Egglbrücke (Zeller Straße), Bus- und Bahnhaltestelle Ruhpolding Bahnhof (von dort durch die Bahnhofstraße zur Hauptstraße, dann links, am Kreisverkehr die erste Straße rechts und gleich hinter der Brücke die Straße queren und Fußweg entlang der Urschlauer Ache nehmen, bald rechts in Parkweg, der zur Egglbrücke führt, ca. 10 Minuten zusätzlicher Weg)

🕐 3 ¾ Stunden: bis zum Bibelöder Steg 30 Min., Steig entlang der Traun bis in den Edergraben 45 Min., nach Hörgering 30 Min., über Gschwendt nach Zwickling 45 Min., nach Vordermiesenbach 30 Min., Rückweg zur Egglbrücke 45 Min.

Wir queren die Zeller Straße und gehen Richtung Tennisplätze. Noch in der Tennisanlage überqueren wir die Traun mittels eines Stegs und gelangen so auf einen netten Weg zwischen Traun einem abgeleiteten Nebenarm, dem Sägebach. Unser Weg führt zunächst am Bojernsteg und am Bibelöder Steg vorbei, die wir beide nicht nutzen, und erreicht ein kleines

Vordermiesenbach mit Rauschberg (links) und Sonntagshorn

Wasserkraftwerk. Nachdem wir – kurz darauf – den Nebenarm mittels eines Holzstegs über-

stiegen haben, wird unser Weg (Richtung Eisenärzt) bald sehr viel schmaler. Als kleiner Steig

 11,3 km   253 Hm

 Gasthäuser im Ortszentrum von Ruhpolding

RUHPOLDING

zieht er oberhalb des Traunufers entlang, wobei mehrmals kleine Auf- und Abstiege, teils mithilfe von Treppenstufen, zu bewältigen sind.

Bei einer Höhle ist deutlich gekennzeichnet, dass der Weg nicht weiterführt und wir müssen über einige Kehren und ein steiles Wegstück aufsteigen. So gelangen wir an eine sehr steile kleine Straße, gehen noch ein paar Meter vor und dann links hinab (Richtung Eisenärzt). Der Weg macht einen Linksbogen,

um den steilen Edergraben zu überqueren. Auf einer Sandstraße gehen wir jetzt eine Weile oberhalb der Traun entlang, bis ein Radwegweiser nach rechts weist. (Ein gelbes Wanderschild zeigt an, dass es geradeaus noch 15 Minuten bis Eisenärzt wären.)

Wir folgen der Radausschilderung, biegen dann in Hörgering rechts ab – unsere nächsten Ziele Gschwendt und Zwickling sind hier angeschrieben. Kurz vor einem großen Spiel-

Schöner Steig entlang der Traun

Wegweiser-Sammlung in Hörgering

platz nehmen wir die erste Straße rechts (namens „Gschwendt"). Nach etwa einem Kilometer auf dieser kleinen, kaum befahrenen Straße gelangen wir wieder auf Feldwege, die uns – quer durch schöne Bauernwiesen – nach Zwickling führen.

Dort nehmen wir dann wieder die – kaum frequentierte – Fahr-straße Richtung Vordermiesen-bach. In diesem kleinen Weiler halten wir uns rechts (Ausschil-derung auf den gelben Schil-dern „Ruhpolding"), um dann kurz darauf – nicht ohne die herrliche Aussicht genossen zu haben – links Richtung Unter-miesenbach abzuzweigen. Nach einem Bogen durch die Häuser zweigt rechts ein Sandweg ab, der uns im weiteren Verlauf steil zu dem Wasserkraftwerk an der Traun zurück bringt.

Zwecks der Abwechslung über-queren wir jetzt den Bibelöder Steg, halten uns dann links über einen kleinen Holzsteg und ge-hen entlang der anderen Traun-seite (im Gegensatz zum Hin-weg) am Bojersteg vorbei bis zur Egglbrücke.

Variante

Um gut 1 ½ Stunden verkürzt sich die Runde, wenn wir an der Stelle, wo sich der Steig entlang der Traun hochwindet und auf die kleine steile Straße trifft, di-rekt nach rechts Richtung Vor-dermiesenbach gehen und dann nach der Sitzbank mit der tollen Aussicht Richtung Unter-miesenbach (ausgeschildert) nach rechts abzweigen.

NÖRDL. TRAUNAUEN

Maria Eck

Die vielbesuchte Wallfahrtskirche Maria Eck – mit weitem Blick über den Chiemsee – erreichen wir auf schmalen, oftmals einsamen Steigen überwiegend entlang der Traun. Der Rückweg zieht sich, größtenteils ebenfalls auf malerischen Pfaden, durch den Wald hinab.

📍 Ruhpolding-Bibelöd, Parkplatz Bibelöder Steg, Bahnhaltestelle Bibelöd, Bushaltestelle „Lohen bei Ruhpolding", von dort etwa 250 Meter auf dem Fußweg neben der Hauptstraße Richtung Ruhpolding und dann zur Bahnhaltestelle Bibelöd gehen

🕐 4 Stunden: bis Eisenärzt (Bahnhof) 1 ¼ Std., Anstieg nach Maria Eck 1 Std., zur Dießelbachstube 45 Min., über Steig oberhalb von Neustadl nach Bibelöd 1 Std.

Wallfahrtskirche Maria Eck

Zunächst gehen wir über das Bahngleis, halten uns links und überqueren dann die Traun mittels des Bibelöder Stegs. Danach geht's wieder links auf dem Sandweg weiter. Bei dem kurz darauf auftauchenden kleinen Elektrizitätswerk gehen wir rechts über den Kanal und halten uns dann geradeaus und steuern auf die gelben Wegschilder zu. Jetzt nehmen wir links den kleinen Steig auf und folgen der Ausschilderung „Eisenärzt über Steig a. d. Traun". Wer gerne schmale Pfade mag, die sich wildromantisch durch Wald und Wiesen schlängeln, wird diesen Steig entlang und oberhalb des Traunufers lieben.

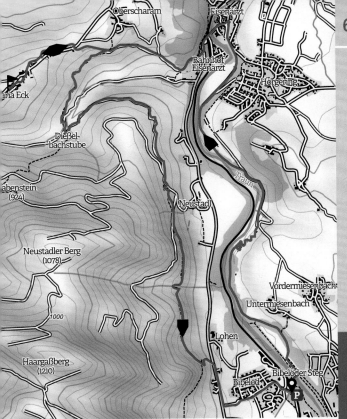

Bei einigen Höhlen wendet er sich scharf nach rechts oben und endet – nach einigen Serpentinen – an einer sehr steilen Straße.

Diese gehen wir links hinunter und nehmen unten dann den breiteren sandigen Weg, den auch die Radfahrer nutzen. Je-

doch bereits nach etwa 300 Metern zweigen wir nach links auf den Traunsteig ab, bei dem auch ein Wasserfall ausgeschildert ist.

Obwohl der Pfad durch schmale Waldschneisen und über zwei Wiesen führt, vertrauen wir den (vorher gesehenen) Schildern,

 12,1 km   446 Hm

 Wallfahrtskirche Maria Eck

Klostergasthof Maria Eck

die uns schließlich tatsächlich zu einem kleinen Wasserfall bringen. Von dort gehen wir – jetzt ohne jegliche Ausschilderung – einfach weiter geradeaus und kommen an Uferstellen vorbei, wo mutige Jugendliche im Sommer von den Bäumen hinab in die durch ein Wehr aufgestaute Traun springen.

Zwischen einigen Häusern hindurch gelangen wir zur Bergstraße, der wir links hinab folgen. An der Dorfstraße geht es wieder links bis zum Bahnhof, hinter dem schräg gegenüber ein Weg

Kreuze der Wallfahrer

vor Ende der ersten Wiese ein Steig nach rechts rückwärts zur Dießelbachstube, einer Forstdiensthütte, abzweigt. Bei der Stube nehmen wir den Weg Richtung Ruhpolding und Bibelöd auf, der kurzzeitig eine Forststraße nutzt, dann aber als kleiner Steig, in einem Taleinschnitt sogar durch Geländer gesichert, weiterführt.

Etwa 10 Minuten nach dem Einschnitt zweigt links ein Weg nach Lohen / Bibelöd ab, der uns zur stark befahrenen Hauptstraße bringt.

Wir überqueren die Straße und gehen etwa 200 Meter nach rechts auf dem Fuß- und Radweg, um dann links in einen schmalen asphaltierten Weg (durch die Wiesen) abzuzweigen. Dieser mündet in die Schwimmbadstraße, der wir jetzt nur noch geradeaus folgen müssen, um dann rechts zu unserem Parkplatz zurück zu gelangen.

nach oben beginnt. Den guten Ausschilderungen folgend steigen wir bis zur beliebten Wallfahrtskirche und dem Minoritenkloster Maria Eck auf, wo sich ein weiter Blick in die Ebene und zum Chiemsee eröffnet.

Zurück geht es zunächst eine knappe halbe Stunde lang auf dem gleichen Weg, bis kurz

Kleine Steige durch den Wald

Hochfelln, 1.674 m

Ein phantastischer Chiemsee-Tiefblick und die Aussicht in Berchtesgadener, Salzburger und Tiroler Berge belohnt die Wanderer, die sich von der Steinbergalm auf den Hochfelln hinauf gekämpft haben. Denn vor allem die letzten 500 Höhenmeter ab den Bründling Almen fordern die Kondition heraus.

📍 Ruhpolding, Parkplatz der Steinbergalm (gebührenpflichtig für Nicht-Gäste), Bushaltestelle Steinbergalm der Ruhpoldinger Dorflinie

🕐 5 Stunden: zu den Bründling Almen 1 Std., Gipfelanstieg auf den Hochfelln 1 ¾ Std., zur den Bründling Almen 1 ½ Std., zur Steinbergalm 45 Min.

Anstieg unter der Hochfellnbahn

Vor der Steinbergalm wenden wir uns nach links oben: Ein Weg durch die Weiden, mehrfach durch Weidegatter abgetrennt, bringt uns zu einer Weggabelung, wo wir uns links halten und kurz darauf den nach rechts abzweigenden Steig ignorieren. Jetzt gehen wir leichten Auf und Ab durch den Wald bis zu einer Wegkreuzung, wo wir rechts zur Mittelstation queren könnten, was einen sehr bequemen Aufstieg ermöglichte.

Wir halten uns aber links und gelangen über einige steile Kurven in das Almgelände der Bründling Almen, wo gleich drei Gaststätten zur Einkehr einladen. Unser breiter Karrenweg oberhalb der

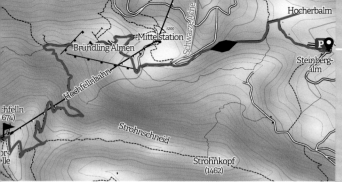

Alm geht bald in einen schmaleren Weg über, der mit vielen Kurven und Stufen an der sogenannten „Tröpflwand" vorbei zu einer Geländekante führt.

hfelln-Gipfel

nender Abstecher zur Hocherbalm

Dort wechseln wir durch eine Art Felsentor auf die andere Seite und erreichen nach drei weiteren großen Kehren den Hochfelln-Gipfel (1.674 m), wo wir ein schönes Gipfelkreuz, die weithin sichtbare Taborkapelle und einen tollen Blick hinab zum Chiemsee erkunden und im Hochfellnhaus einkehren können. Für den Abstieg nehmen wir denselben Weg, sollten aber nicht versäumen, kurz vor der Steinbergalm einen Abstecher nach links zur Hocherbalm zu machen, die mit nahezu ausschließlich selbstgemachten Speisen und einer ruhigen Lage punktet.

Variante
Durch die Hochfelln-Seilbahn kann man sich den Auf- oder Abstieg erleichtern: Von der Steinbergalm geht man etwa 45 Minuten zur Mittelstation, die rechts unterhalb der Bründling Almen liegt.

HOCHFELLN

 11,2 km   768 Hm   ☆ 🚌 **Seilbahnfahrt nutzen!**

 Bachschmiedkaser, Öderkaser, Bründlingalm, Hochfellnhaus, Hocherbalm, Steinbergalm

Gartendekoration auf der Bründlingalm

Thorau Almen, 1.200 m

Wer Almblumen liebt, für den sind die Thorau Almen ein Muss: Oberhalb der Almgebäude strotzen die Hänge von Enzianen, Mehlprimeln, Kugelblumen und vielen anderen prächtigen Blütenpflanzen. Während der Anstieg überwiegend über eine breite bequeme Almstraße entlang eines breiten Bachgrabens erfolgt, lassen sich oberhalb der Alm kleinere Pfade zu einer zusätzlichen Schleife kombinieren.

📍 Ruhpolding, Parkplatz Staudigelhütte an der Brander Straße (Vorderbrand, kurz vor dem Freizeitpark rechts), Bushaltestelle Vorderbrand / Freizeitpark

🕐 3 Stunden: Anstieg zu den Thorau Almen 1 ¾ Std., Rückweg zur Staudigelhütte 1 ¼ Std., zusätzliche Schleife oberhalb der Thorau Almen 1 ¾ Std.: zum Einschnitt zwischen Weißgrabenkopf und Thoraukopf 45 Min., Querung hinter dem Thoraukopf 15 Min., Abstieg zu den Thorau Almen 45 Min

Die Kaser der Thorau Almen

Wir folgen der Ausschilderung zu den Thorau Almen und gehen zunächst links entlang der kleinen Straße Richtung Glockenschmiede, die rechts unterhalb des Weges liegt. Die „Glockenschmiede" hat bereits im 17. Jahrhundert die Wasserkraft des Thoraubachs für eine Hammerschmiede genutzt und

 9,7 km   576 Hm   Thorau Almen

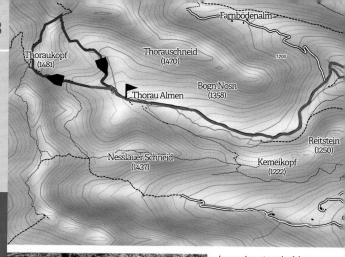

Kleiner Wasserfall
oberhalb des Wegs

kann heute als Museum besichtigt werden. Kurz darauf überqueren wir den Thoraubach und folgen der Almstraße noch etwa einen Kilometer. Vor einem größeren breiten Sandplatz links vom Weg entdecken wir Holz-Wegweiser an einem Baum und finden somit den Einstieg in den Thorausteig.

Dieser kleine Pfad verläuft unterhalb der Almstraße näher am Bach entlang und stößt auf einen breiteren Sandweg, wo wir nach links gehen. Kurz hinter einer Brücke geht der Steig rechts weiter. Mit einem bisschen pfadfinderischen Geschick (die durch querliegende Zweige abgesperrten Irrwege

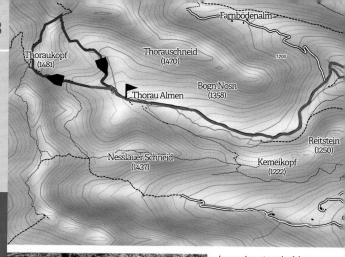

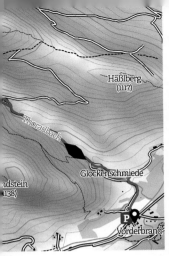

Wir gehen noch ein Stück weiter vor und wählen beim Schilderbaum vor der Brücke den Steig nach links, der zu den Nesslauer Almen, aber auch Richtung Eschlmoos und Bergen führt, bewundern die herrliche Blumenpracht an den Hängen dieses Grabens und kehren wieder zurück. Der Abstieg von den Thorau Almen erfolgt auf derselben Almstraße, die wir für den Aufstieg genutzt haben.

Variante
Falls wir noch eine Schleife an die Almwanderung anhängen wollen, gehen wir bei der bald auftauchenden Weggabelung rechts (Richtung Eschlmoos / Bergen). Oben am Grat halten wir uns wieder rechts, hier ist der Hochfelln ausgeschildert. Auf schmalen Pfaden, teils steile Hänge querend, gehen wir hinter dem Latschen bewehrten Thoraukopf entlang und steigen bei der nächsten Weggabelung wieder rechts ab Richtung Thorau Almen. Auch in diesen Wiesen können wir nochmals viele Blütenpflanzen bestaunen.

meidend) gelangen wir mittels dieses Pfades wieder hinauf zur Almstraße, der wir nach links folgen. Bald darauf zweigt rechts die Almstraße zur Farnbödenalm ab, wir bleiben aber auf dem linken Weg und erreichen auf der – bald deutlich weniger steilen – Almstraße das weite Gelände der Thorau Almen.
Das zweite Almgebäude lädt zu einer gemütlichen Brotzeit, unter anderem mit selbst hergestellten Käse-Spezialitäten, ein.

Kugelblumen und Wundklee

Stengelloser Enzian

Nesslauer Alm, 1.101 m

Kombiniert mit dem wildromantischen Pfad durch den Märchenwald wird aus dem Anstieg zur Nesslauer Alm eine abwechslungsreiche Runde: Erst ein schmaler Steig, der sogar etwas Pfadfindersinn und Umsicht erfordert, dann eine gemütliche Almstraße entlang eines Baches.

📍 Ruhpolding, Parkplatz und Bushaltestelle Brand (an der Brander Straße, 1 km hinter dem Freizeitpark)

🕐 3 ¼ Stunden: zum Märchenwald 10 Min., durch den Märchenwald zum Nesslauer Wasserfall 45 Min., zur Nesslauer Alm 1 Std., Abstieg über Butzn (Fahrstraße) 1 ¼ Std.

Schön hergerichtete
Nesslauer Alm

Von den Parkplätzen neben der Straße gehen wir das kurze Stück zurück zur Bushaltestelle mit ihrem auffälligen Unterstand. Dort nehmen wir links die Brücke über den Nesslauer Bach, um gleich danach links Richtung Märchenwald abzuzweigen. Nachdem wir das Ge-

lände des ehemaligen Gasthauses Brand gequert haben, geht's nochmals über eine Brücke in den Wald.

Der Märchenwald ist durch einen Felssturz entstanden, der viele (inzwischen bemooste) Felsblöcke, Grotten und enge Schlupflöcher hinterließ, durch

die sich heute verschwiegene Pfade schlängeln.

Doch – anders als manche erwarten – werden hier keine Märchen als Geschichten widergegeben. Wir gehen zunächst ein ebenes Stück nach vorne, biegen aber bald (kurz vor einer Sitzbank) nach rechts ab.

Dank der gut erkennbaren Ausschilderung des SalzAlpenSteigs finden wir den Weg durch den Wirrwarr zwischen umgestürzten Bäumen und Felsblöcken hindurch, der Umsicht sowie Geschick beim Übersteigen von Bäumen erfordert. Im oberen Teil wird der Weg dann einfacher und verläuft nahezu parallel zum Hang, bis auf eine kurze Stelle an einem Graben gibt es keinerlei Schwierigkeiten mehr. Kurz bevor wir auf die Straße stoßen, wenden wir uns nach rechts und werfen einen Blick auf den Nesslauer Wasserfall unter uns. Zurück an der Straße, halten wir uns links und folgen der Almstraße bis zur Nesslauer Alm, die mit viel Liebe und Engagement bewirtschaftet wird. Abwärts geht es dann auf dem gleichen Weg und ab dem Wasserfall auf der kleinen Fahrstraße, die am Butznwirt vorbei nach Brand hinab führt.

Variante

Wer lieber auf ausschließlich bequemen Wegen wandert, kann natürlich für den Anstieg ebenfalls die Almstraße entlang des Nesslauer Grabens nutzen.

Nette Wirtsleute auf der Alm

 5,7 km 425 Hm

 Nesslauer Alm, Butznwirt

Im Märchenwald

Mehlprimeln auf den
Almwiesen

Haaralm, 1.325 m

Beschauliche, aber durchaus steile Waldwege führen hinauf zu dem weiten Almgelände der Haaralm, die in den Weidemonaten bewirtschaftet ist. Beim Rückweg umrunden wir den Gründkopf und lassen uns von den Tiefblicken in die Schluchten der Bergbäche beeindrucken.

📍 Ruhpolding, Parkplatz und Dorfbus-Bushaltestelle Urschlau

🕐 4 ¼ Stunden: zum Schönen Fleck 1 Std., zur Haaralm 1 ¼ Std., Abstieg zum Schönen Fleck 45 Min., Urschlau über Gründberg-Rundweg 1 ¼ Std.

Wir steuern auf die Wallfahrtskirche Maria im Schnee zu und nehmen den Waldweg, der hinter dem letzten Bauernhaus nach links oben abzweigt. Dieser verläuft zusehends in einem Graben, doch kleine Kehren nach rechts oben helfen, auf einen bequemeren Weg zu gelangen. Bald danach erreichen wir eine breite Forststraße am sogenannten „Schönen Fleck", einer dem Wald für die Almbauern abgetrotzten Freifläche.

Unser Weg zweigt nach rechts ab und über eine steile Almstraße, die für Radler gesperrt ist, erreichen wir das Almgelände, wo nicht nur Kuh-, sondern auch Pferdeherden weiden.

Die Aussicht ist geprägt von der sich prägnant auftürmenden Hörndlwand, erlaubt aber

Blick zur Hörndlwand

⭕ 9,0 km   🔼 604 Hm   ⭐ 🚌 🍽 Haaralm

auch einen Weitblick in die Loferer Steinberge und die Kitzbühler Alpen. Gut zu erkennen sind auch die tiefer liegenden Röthelmoos Almen.

Für den Rückweg nehmen wir den gleichen Weg bis zum Schönen Fleck, zweigen aber, sobald wir die breite Forststraße

Brauner Fuchs

erblicken, nach rechts ab und gehen rechts auf der Forststraße weiter. Wir ignorieren die beiden Abzweigungen Richtung Eschlmoos und gehen so um den Gründberg herum, wobei wir mehrfach Blicke in die tiefen Gräben der Bergbäche werfen können und auch zwei Wasserfälle entdecken. Etwa 400 Meter, nachdem der Weg von den Röthelmoos Almen von links eingemündet ist, können wir links die Teerstraße verlassen und einen kleineren Waldweg nehmen.

Dieser wird zwischenzeitig zu einem malerischen Pfad, führt hinter dem Bergwalderlebniszentrum Gründbergstube entlang und an einem rund angeordneten Kreuzweg (Via veritas) vorbei in die Urschlau zurück.

Variante

Ein steiler Wiesenweg führt von der Haaralm auf die Haaralmschneid, wo sich der Blick Richtung Hochfelln und Hochgern weitet und auch der Wilde Kaiser gut zu erkennen ist. Der Anstieg beginnt oberhalb des letzten Almkasers, wo wir uns ein kurzes Stück rechts halten, den Zaun an einer präparierten Stelle übersteigend, und dann aber steil nach links abzweigen, wo wir einen deutlichen Steig in der Wiese aufnehmen, der uns zu dem weithin sichtbaren Gipfelkreuz bringt.

Gipfelkreuz Haaralmschneid

Röthelmoos Almen, 880 m

Ein weiter Almkessel unter den imposanten Felsspitzen der Hörndlwand, gleich zwei bewirtschaftete malerische Almhütten und mehrere schöne Zustiege – die Röthelmoos Almen gelten als eines der lohnendsten Ausflugsziele in Ruhpolding.

📍 Ruhpolding, Parkplatz und Dorfbus-Haltestelle Urschlau oder Parkplatz Weitsee, Bushaltestelle Weitsee/Röthelmoos an der Deutschen Alpenstraße (B 305)

🕐 Ab Urschlau 2 ½ Stunden: über die Öfen zu den Röthelmoos Almen 1 ½ Std., Abstieg über Röthelmoosklause und Forststraße 1 Std.

Ab Weitsee 2 ½ Stunden: Anstieg über Wappachtal 1 ½ Std., Abstieg auf dem gleichen Weg 1 Std.

Blick von der Dandlalm gegen Westen

Tour ab Urschlau:
Wer ohne Kinderwagen unterwegs ist und sich nicht nur auf Forststraßen bewegen will, startet im Ortsteil Urschlau und geht ein kurzes Stück der Straße entlang, um dann nach links Richtung „Röthelmoos Al-

  ab Urschlau: 7,7 km / ab Weitsee: 9,0 km — ab Urschlau: 317 Hm / ab Weitsee: 159 Hm

   Dandlalm und Langerbauer Alm

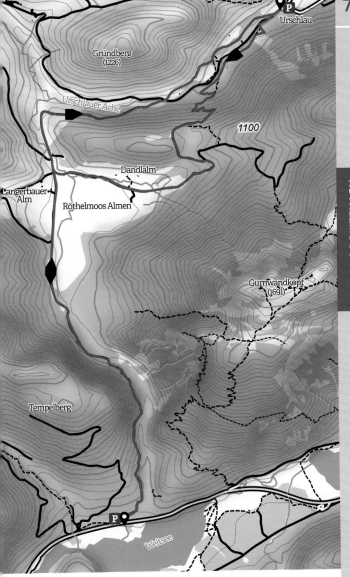

Gründberg
(1226)

Urschlau

P

Urschlauer Ache

1100

Dandlalm

Langerbauer Alm

Röthelmoos Almen

Gurnwandkopf
(1691)

Tempelberg

P

Weitsee

men über die Öfen" abzuzweigen.
Über eine Brücke gelangen wir ans andere Ufer der Urschlauer Ache, an dem wir etwa 10 Minuten entlang gehen. Dann schwingt sich unser Weg nach links oben und wir erobern den Bergrücken mittels eines schönen Waldpfades, der sich in mehreren Kehren hinaufzieht. Nachdem wir die Abzweigung

Alm verläuft, bringt uns, wenn wir uns Richtung Norden halten, wieder zurück Richtung Urschlau.
Dabei sollten wir aber zwei Sehenswürdigkeiten nicht versäumen: An der Röthelmoosklause können wir erfahren, wie das Holz früher aus den Bergen ins Tal getriftet wurde, indem das Wasser angestaut und dann das Holz mit

Die Röthelbachklause

Richtung Hörndlwand ignoriert haben, kommen wir in eine Senke hinab und unser Pfad geht in einen Wirtschaftsweg über.
Dieser führt uns zu einer breiteren Forststraße hinauf, wo wir nach rechts gehen, um so in das Almgelände zu gelangen. Dort lädt uns sowohl rechterhand die Dandlalm als auch geradeaus vorne die Langerbauer Alm zur Einkehr ein. Die Forststraße, die unterhalb der Langerbauer

einem großen Wasserschwall auf den Weg gebracht wurde. Dort, wo die Straße eine Kurve nach rechts nimmt, können wir links unten das inzwischen tief eingeschnittene Tal des Röthelbachs, die Röthelbachklamm, und einen Wasserfall bewundern.
Nach der Brücke halten wir uns rechts und zweigen nach knapp 400 Metern links in einen ausgeschilderten Waldweg ein, der uns parallel zur Straße hinter

dem Bergwalderlebniszentrum (Gründbergstube) entlang und in den Ortsteil Urschlau zurück bringt.

Tour ab Weitsee:

Wer einen Kinderwagen dabei hat oder grundsätzlich Forststraßen bevorzugt, kann entweder von Urschlau aus zunächst die geteerte Straße und dann die Forststraße zu den Röthel- moos Almen nutzen oder am Weitsee starten, der zudem als Ausgangspunkt deutlich besser an das Busnetz angeschlossen ist. Dieser Weg zweigt von der Alpenstraße (B 305) nach Norden ab und zieht sich – ganz ohne wirklich steile Passagen – malerisch am quirligen Wappach entlang zum Almgebiet hinauf. Der Rückweg erfolgt dann auf dem gleichen Weg.

Die markante Hörndlwand

Vier-Seen-Runde

Gleich vier Seen erleben wir bei unserer Wanderung in einem von hohen Bergen umrahmten Naturschutzgebiet: Während der glasklare Förchensee bitterkalt ist, laden die drei anderen in den Sommermonaten zum Baden ein. Zudem können wir viele geschützte Pflanzen und Tiere bewundern.

 Ruhpolding, Parkplatz und Bushaltestelle Seehaus an der Deutschen Alpenstraße (B 305)

 4 ¼ Stunden: entlang des Förchensees zum Nordufer des Lödensees 45 Min., zum Mittersee 15 Min., zum Weitsee 30 Min., zu Dürrfeldkreuz und Weitseeblick 45 Min., Rückweg entlang des Südufers 2 Std.

Die Wanderung entlang der vier Seen zwischen Ruhpolding und Reit im Winkl lässt sich nach Belieben variieren, verkürzen oder durch Badepausen unterbrechen. Wir starten am Parkplatz Seehaus, um den kristallklaren Förchensee und die daraus entspringende Traun zu erleben. Dazu halten wir uns, nachdem wir die Alpenstraße mittels eines Tunnels unterquert haben, auf einem Pfad nach links und entdecken den Abfluss der Traun, die in ihrem ersten Abschnitt den passenden Namen „Seetraun" trägt.

Der Weg entlang des Förchensees, eines Quellsees ohne oberirdischem Zufluss mit im-

 14,4 km   304 Hm

 in kürzerer Variante

 für Kinderwagen geeignet (ein wenig schwierig ist lediglich der kurze Abstieg zum Weitsee)

 keine

mer gleichbleibend (kalten) Temperaturen, verläuft unterhalb der Straße, die uns daher kaum stört. Nach Ende des Sees biegt der Weg bald nach links in den Wald ab und verläuft parallel zur Straße, zu der wir nach etwa 10 Minuten zurückkommen.

Hier wechseln wir – wiederum mittels einer Unterführung – auf die andere Straßenseite und nehmen dann den Norduferweg, der als breiter Weg auf einem ehemaligen schmalen

Sibirische Schwertlilien am Seeufer

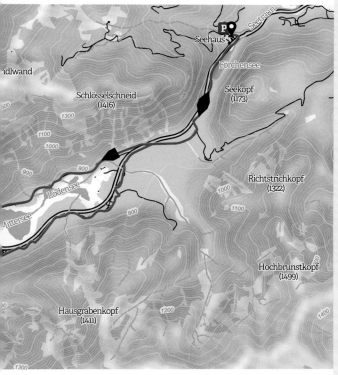

Bahndamm verläuft und uns entlang des Lödensees und des Mittersees führt. An diesen beiden Seen, die sich im Frühsommer schnell erwärmen, ist das Baden überall erlaubt.

Der breite Weg endet bei einem Parkplatz an der Alpenstraße, die wir am besten hier überqueren, um dann mittels eines Pfades an der anderen Straßenseite ein Stück nach rechts zu gelangen. Dort gibt es die Möglichkeit, zum Seeufer hinabzusteigen und einen der drei erlaubten Badeplätze am Weitsee zu erreichen.

Wir können noch eine Weile am Ufer entlanggehen und die Informationstafeln über die Tierwelt studieren, doch nach der nächsten großen Wiese sollten wir nach links oben gehen, um zu einer breiten Sandstraße zu gelangen. (Die Wege entlang des Ufers enden allesamt in Sackgassen.)

An der Sandstraße gehen wir rechts und erreichen nach einem etwa 20-minütigen Anstieg das Dürrfeldkreuz (links oberhalb): Rechts lohnt sich ein kurzer Abstecher zu einer schönen Bank mit Blick über den Weitsee. Wer für den Rückweg nicht den gleichen Weg nehmen möchte, kann den breiten Sandweg, der zum Dürrfeldkreuz führte, für den Rückweg weiterverfolgen und somit parallel zur Straße – aber die meiste Zeit nicht in deren Hörweite – auf der Südseite der Seen zurückgehen. Noch ratsamer wäre, sich vorab über Busabfahrtzeiten zu informieren, mehr Zeit an den Seen zu verbringen und den Rückweg mit dem Bus zu bewältigen.

Tiefblick zum Weitsee (oberhalb des Dürrfeldkreuzes)

Unternberg, 1.425 m & Brander Alm

*Die Sesselbahn-Fahrt auf den Unternberg erspart einen stei-
len, mühsamen Anstieg und ermöglicht, das Gipfelerlebnis
mit einem schönen Wanderweg über eine Alm zu kombinieren. Eine Tour, bei der Liebhaber von kleinen Pfaden durch
Wald und Wiesen auf ihre Kosten kommen.*

📍 Ruhpolding, Parkplatz Seehaus an der Deutschen Alpenstraße (B 305), von dort Busfahrt bis Fuchsau, Busfahrer starten
gleich im Ortsteil Fuchsau

🕐 3 ¾ Stunden: zur Talstation der Unternbergbahn 1 Std., von
der Gipfelstation zum Unternbergsattel 15 Min., zur Brander
Alm (über oberen Weg) 1 ½ Std., Abstieg zum Seehaus (über
Wanderweg) 1 Std.

Gipfelsäule auf dem Unternberg

Nach der Busfahrt vom Seehaus
nach Fuchsau gehen wir ein
Stück gegen die Fahrtrichtung
zurück und biegen dann rechts
ab in den kleinen Ortsteil Fuchsau, wo bereits der Unternberg
als Ziel ausgeschildert ist. Nach
zehn Minuten auf dem kleinen,
bald für den Autoverkehr ge-
sperrten Sträßchen zweigen

🔄 9,9 km   ↗ 369 Hm

  Unternbergalm, Boider Alm,
Brander Alm

Talstation

Unternbergbahn

Eisenberg
(1488)

Unternbergsattel

Ur

Boider Alm

Zwölferspitz

Durlachkopf
(1395)

Simandl-
maisalm

Seetraun

Brander
Alm

Rammelbach

Seehaus

wir (ausgeschildert) nach links in die Wiese ab und gelangen auf einem Wiesenpfad hinauf in den Ortsteil Stockreit. Jetzt folgen wir der kleinen Straße nach rechts aus dem Ort heraus, bis wir nach etwa 500 Metern zu einer Straßenkreuzung gelangen, wo wir nach links hinten in die andere kleine Straße abzweigen und gleich darauf rechts den breiten Wanderweg Richtung Unternbergbahn nehmen. Auf einem bequemen schattigen Weg neben einem Bachlauf gelangen wir zur Unternbergbahn, die uns in Sesseln hinauf zur Gipfelstation auf 1.425 Metern Höhe bringt.

Nach dem Ausstieg führt links ein kleiner Pfad die wenigen Meter zum Gipfel hinauf, wo wir die Aussicht sowohl hinüber zum Rauschberg als auch ins Tal

Tiefblick auf die Brander Alm

Dort nehmen wir den Weg nach links Richtung Brander Alm und Seehaus. Nach knapp zehn Minuten zweigen wir nicht (!) nach links unten ab, sondern bleiben auf dem oberen Weg Richtung Brander Alm. Denn diese schöne Verbindung nutzt kleine Pfade, teilweise entlang steiler Flanken, während der sogenannte untere Weg – obwohl der Einstieg nach einem netten Pfad ausschaut – tatsächlich größtenteils auf Forststraßen verläuft und eine Dreiviertelstunde länger dauert.

Wenige Minuten nach der Weggabelung mündet unser etwas breiterer Weg in eine große Wiese und mittels an paar Stufen am rechten Rand gelangen wir schräg nach oben zu einem (ausgeschilderten) Pfad, der uns im Bogen oberhalb um das feuchte Gelände herum und dann auf Waldpfaden entlang steiler Bergflanken zunächst zur unbewirtschafteten Simandlmaisalm und dann zur Brander Alm führt.

Nach einer eventuellen Einkehr auf der Brander Alm gehen wir auf der Almstraße Richtung Seehaus und können uns in der ersten markanten Rechtskurve für den Abstieg über einen Wanderweg oder über die (längere) Forststraße entscheiden.

genießen können. Nach einer eventuellen Rast in der – wirklich lohnenden – Unternbergalm, bei der wir den Gleitschirmfliegern beim Starten zuschauen können, gehen wir entlang des breiten Weges abwärts. Wir kommen vorbei an der kleinen Boider Alm, die ebenfalls für die Einkehr in Frage kommt, sowie an der Bergwachthütte und erreichen den Unternbergsattel.

UNTERNBERG

Kaitlalm, 970 m & Schwarzachenalm

Zwei wunderschön gelegene Almen im Taleinschnitt zwischen Rauschberg und Sonntagshorn sind die Ziele einer bequemen Runde, die zum größten Teil breite Forststraßen nutzt. Den malerischen Taubensee binden wir – quasi als nette Zugabe – in unsere Tour ein.

📍 Ruhpolding, Parkplatz Ramsler an der B 305 (Nähe Rauschbergbahn), Bushaltestelle Ortnerhof / Abzweigung Rauschbergbahn

🕐 4 ¼ Stunden: zum Taubensee und entlang des Ufers 15 Min., zur Sackgrabenstube 1 ½ Std., Kaitlalm 45 Min., Schwarzachenalm 45 Min., zum Parkplatz 1 Std.

KAITLALM

Die Schwarzachenalm unter dem Sonntagshorn (rechts hinten)

Wir gehen in den Wald Richtung Taubensee und bleiben bei der Wegkreuzung kurz darauf geradeaus und halten uns dann links und gehen somit am wesentlich schöneren Ostufer des Taubensees entlang. Nachdem wir den See passiert haben, folgen

 15,7 km 532 Hm

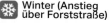 nur Forststraßenanstieg zur Schwarzachenalm

❄ Winter (Anstieg über Forststraße)

🍴 Kaitlalm, Schwarzachenalm, Gasthaus „Am Taubensee" (5 Min. oberhalb des Wegs)

wir dem breiteren Weg nach links, gehen etwa 1,5 Kilometer parallel zu Traun und Fischbach, bis nach links eine Abzweigung zur Sackgrabenstube und Kaitlalm (über Steig) ausgeschildert ist. Unser Waldsteig führt – kurzzeitig eine Forststraße (rechter Zweig) nutzend – zu einer großen Forststraßenkreuzung, wo eine schöne Sitzgruppe an einem Kreuz zur Rast mit Blick auf die Hörndlwand einlädt.

Unsere Tour Richtung Kaitlalm setzen wir geradeaus auf der Forststraße oberhalb der Sackgrabenstube fort und neh-

men bei der kurz darauf folgenden Weggabelung den rechten Zweig. Die Forststraße führt uns leicht aufwärts und wir passieren den höchsten Punkt unserer Wanderung. Nach etwa zwei Kilometern zweigt rechts ein Weg ab, der uns – entlang vieler Einschnitte – langsam bergab zur Kaitlalm bringt. Wir passieren die urige, denkmalgeschützte Alm oberhalb des Kienbergsattels und gehen zu der breiten Forststraße hinab, wo wir uns rechts halten.

Nach etwa einer Dreiviertelstunde erreichen wir den schö-

Taubensee mit Rauschbergbahn-Gondel

Rastplatz mit Hörndlwand-Blick

nen Almkessel der Schwarzachenalm, wo wir einen tollen Ausblick zum Sonntagshorn haben und eine Rast an der netten links gelegenen Almhütte einlegen können. Dass hier 1835 der letzte ansässige deutsche Braunbär erschossen wurde, belegt eine Gedenktafel an der kleinen Brotzeithütte bei der breiten Forststraße. Das letzte Stück des Wegs geht nahezu flach hinab zum Fischbach. Wir halten uns bei allen Wegkreuzungen geradeaus, so dass wir zum Taubensee zurückkommen, wo wir diesmal den breiteren Weg entlang des Westufers wählen und somit geradeaus zum Parkplatz gelangen.

Rauschberg, 1.671 m

Auf dem Rauschberggipfel, den wir bequem mit einer Kabinenbahn erreichen, kann man einiges bestaunen: Kunstwerke, geschnitzte Holzgeister, anschauliche Informationstafeln und Spielstationen übers Totholz und die forstwirtschaftliche Holzarbeit – und nicht zuletzt natürlich die spektakuläre Aussicht.

Ruhpolding, Parkplatz und Bushaltestelle Rauschbergbahn (oder Hinterpoint bzw. Ortnerhof, von dort jeweils 10 Minuten zusätzlicher Fußweg), Fahrt mit der Rauschbergbahn zur Bergstation

Rundwege auf den Rauschberggipfeln: ca. 1 ½ Stunden; Gipfelüberschreitung und Abstieg 4 ½ Stunden: über den Vorderen Rauschberg und den Holzgeisterweg auf den Hinteren Rauschberg 1 Std., Abstieg zum Kienbergsattel 1 Std., zur Rauschbergbahn 2 ½ Std.

Aufstieg mit der Rauschbergbahn

Direkt bei der Gipfelstation können wir einige Kunstwerke bewundern: Die Bilder in der Gemäldegalerie der Station und die lebensgroße Skulptur „Himmelskletterer" stammen von dem Chiemgauer Künstler Walter Angerer, dem Jünge-

 2,9 km   146 Hm

 Rundwege oben teilweise für Kinderwagen geeignet

Rauschberghaus in der Nähe der Gipfelstation

ren. Wir wenden uns jetzt nach links oben Richtung Rauschberg-Gipfelkreuz, genießen den Tiefblick ins Ruhpoldinger Tal und zum Chiemsee und blicken hinüber zu „Adams Hand", einer sechs Meter hohen Skulptur, unverkennbar ebenfalls von Walter Angerer.

Auf schmalen Pfaden gehen wir ein Stück an der Kante entlang Richtung Süden und steigen dann hinab, wo wir bald auf einen breiteren Weg treffen. Wir folgen diesem als „Holzgeisterweg" angelegten interaktiven Erlebnispfad, erheitert durch die geschnitzten Figuren und die informativen Tafeln über die Holzwirtschaft. Der anspruchsvollere Aufstieg auf den Hinteren Rauschberg – mit 1.671

Metern der höchste Gipfel im Rauschberg-Massiv – erfolgt über einen schmalen Pfad, der sich durch die Latschen schlängelt. Wieder zurück an der Wegkreuzung versäumen wir nicht, einen Blick rechts in die steile Rossgasse zu werfen, die mutige Skifahrer im Winter als Skitouren-Abfahrt nutzen. An dieser Wegkreuzung scheiden sich jetzt die Geister. Wer wieder zur Rauschbergbahn zurückkehren möchte, nimmt jetzt die unteren breiteren Wege und begutachtet die weiteren Stationen und Kunstwerke.

Variante

Wer aber den Abstieg zu Fuß bewältigen möchte, nutzt den kleinen (ausgeschilderten) Pfad

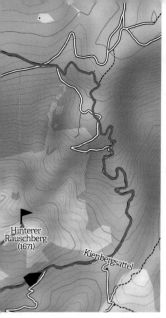

Hinterer
Rauschberg
(1671)

Kienbergsattel

Richtung Kienbergsattel. Dieser trifft nach etwa 10 Minuten auf eine breite Almstraße, wo wir uns nach links halten. Eine halbe Stunde später, am Kienbergsattel, gehen wir wieder links.

Mittels vieler steiler Kehren verlieren wir schnell an Höhe und folgen den Schildern Richtung Rauschbergbahn, wobei wir an einer Kreuzung darauf achten müssen, nicht in den SalzAlpen-Steig nach links abzuzweigen, der uns zwar zum selben Ziel brächte, aber eine halbe Stunde länger braucht.

Weiter unten ist eine unausgeschilderte Wegkreuzung missverständlich: Der breitere Weg nimmt einen Knick nach links, geradeaus führt aber ein Pfad abwärts. Wir folgen dem linken, breiteren Weg, obwohl dieser einige Meter Gegenanstieg von uns verlangt.

Kurz darauf geht es nach rechts hinunter und dann – bereits kurz vor dem Parkplatz – links hinauf Richtung Rauschbergbahn.

Gipfelrunde mit
Holzgeistern

Wenn das Wetter mal nicht so schön ist

Kaum eine Alpenregion hat so viele Optionen bei schlechtem Wetter zu bieten wie die Region zwischen Ruhpolding und Königssee. Allein im Ort Berchtesgaden und seiner direkten Umgebung finden sich über zehn Anlaufstellen für Schlechtwettertage. Von allen Standorten sind sowohl die Kurstadt Bad Reichenhall als auch Salzburg kaum mehr als eine halbe Stunde Autofahrt entfernt.

Etliche der beschriebenen 75 Touren sind auch bei schlechtem Wetter interessant, natürlich vor allem die Touren durch die Zentren von Bad Reichenhall, Ruhpolding, Berchtesgaden, Ramsau und das Salzburger Freilichtmuseum: Aber auch die Inzeller Filzen, die Klammen und Wanderungen in den Flusstälern haben bei nassem Wetter oftmals einen besonderen Reiz – wenn es nicht gerade stürmt oder aus Kannen gießt, was zum Glück aber nicht allzu oft vorkommt. Darüber hinaus versprechen folgende Ziele eine interessante Abwechslung.

Königliches Schloss mit Rehmuseum, Berchtesgaden

Das Königliche Schloss, vormals das Kloster der Augustiner, ist auf jeden Fall einen Besuch wert. Der Kreuzgang aus dem 12. Jahrhundert, eine hohe gotische Halle und Kunstwerke aus mehreren Epochen sind zu besichtigen. Sehr stimmungsvoll sind Abendführungen und Schlossführungen im Advent. Im Rehmuseum kann man sich von der Jagdleidenschaft und den Forschungen des Herzogs Albert von Bayern begeistern lassen.

Dokumentationszentrum, Berchtesgaden-Obersalzberg

Das Dokumentationszentrum liefert einen umfassenden Überblick über Ideologie, Praktiken und Machenschaften während des Dritten Reichs. Es vermittelt zudem einen Eindruck von dem Tunnelsystem, das die Nazis hier in ihrer „Alpenfestung" geschaffen haben.

Haus der Berge und weitere Nationalpark-Informationsstellen, Berchtesgaden und Umgebung

Eine wahrhaft interessante Ausstellung „Vertikale Wildnis", aber auch viele (kostenlose) Wechselausstellungen und Einblicke bietet das Haus der Berge, das Nationalparkhaus des Alpen-Nationalparks. Zudem bietet der Nationalpark sechs Informationsstellen an: Zwei im Klausbachtal, je eine an der Wimbachbrücke, auf der Königssee-Halbinsel St. Bar-

Schlossplatz, Berchtesgaden

tholomä, auf der Kühroint-Alm und in der Jennerbahn-Bergstation.

Salzbergwerk, Berchtesgaden

Das älteste, sich noch in Betrieb befindende Salzbergwerk Deutschlands ermöglicht den Besuchern eine Einfahrt auf typischen Bergmannszügen, die Nutzung der früheren Rutschen der Bergleute und die Fahrt über einen illuminierten unterirdischen See.

Watzmann Therme, Berchtesgaden

Ein 25-Meter-Becken lockt auch sportliche Schwimmer, das Erlebnisbecken mit einem großen Strudel und einer Rutsche bietet Familien viel Abwechslung. Zudem findet sich in der Watzmann Therme ein großer Wellness- und Saunabereich.

Museum im Schloss Adelsheim, Berchtesgaden

In diesem Renaissance-Schlösschen verstarb der letzte Fürst-

Historische Randnotiz

Berchtesgaden war viele Jahrhunderte lang ein eigenständiges Fürstentum im Heiligen Römischen Reich deutscher Nation: Von Augustiner-Mönchen gegründet und 1102 erstmals urkundlich erwähnt, blieb es bis 1810 unter der Herrschaft der Augustiner-Chorherren – deren Abt (Propst) war gleichzeitig der weltliche Fürst des kleinen Landes. Dass die bayerischen Könige ihre Sommermonate im 19. Jahrhundert in Berchtesgaden verbrachten, machte Berchtesgaden für zahlreiche Höflinge und bald auch für Touristen attraktiv. Doch auch durch das dunkelste Kapitel der deutschen Geschichte erlangte Berchtesgaden Bekanntheit: Adolf Hitler hat hier etwa ein Drittel seiner Führerzeit verbracht und einen zweiten Regierungssitz aufgebaut.

propst 1803 kurz nach seinem Rücktritt. Die Sammlung historischer Werke der Berchtesgadener Handwerkskunst, traditioneller Trachten und volkskundlicher Zeugnisse über das Leben zwischen Untersberg und Watzmann ist sehenswert.

Historische Randnotiz

Der **Nationalpark Berchtesgaden**, Deutschlands einziger Alpen-Nationalpark, entstand 1978, doch reicht die Geschichte des Naturschutzes weiter zurück: Bereits 1910 wurde die Landschaft des südlichen Königssees und des Obersees zum Pflanzenschonbezirk erklärt – um dem sich damals schwunghaft entwickelnden Handel mit Alpenpflanzen entgegenzuwirken. 1916 planten norddeutsche Investoren, einen meterhohen assyrischen Löwen in die Falkensteiner Wand am Königssee meißeln zu lassen – als kriegsverherrlichendes Denkmal. Dies rief viele Naturschützer auf den Plan: 1921 wurde das bisherige Pflanzenschutzgebiet zum Naturschutzgebiet ernannt und erweitert. Als in den sechziger Jahren Pläne für eine Seilbahn am Watzmann auftauchten, begann der „Kampf um den Watzmann", aus dem die Nationalpark-Gründung resultierte.

Kugelmühle, Marktschellenberg

Beim Gasthaus Kugelmühle, unmittelbar vor dem Einstieg in die Almbachklamm, können Besucher bis heute bestaunen, wie Marmorkugeln, früher ein beliebtes Spielzeug, allein durch Wasserkraft geschliffen werden.

Eishalle, Berchtesgaden

Nicht nur in den Wintermonaten, sondern auch in Frühjahr und Herbst ist die Eishalle der Gemeinde Berchtesgaden geöffnet, wo ein aktiver Eislaufverein mit Eishockeymannschaft und Eisläufern trainiert, aber auch andere Freizeitsportler jeden Tag zu festgelegten Laufzeiten willkommen sind.

DAV Alpin- und Kletterzentrum Bergsteigerhaus Ganz, Bischofswiesen-Strub

Zwei große Kletter- und zwei Boulderhallen bieten herausfordernde, abwechslungsreiche Routen, falls das Wetter nicht zum Klettern am Fels einlädt. Auch das Klettern mit Selbstsicherungsgeräten ist möglich.

Enzianbrennerei Grassl, Berchtesgaden-Unterau

Wie der Enzian-Schnaps aus den Wurzeln der gleichnamigen Bergblumen gebrannt wird und schmeckt, erfahren Besucher bei einem kostenlosen Rundgang in der Enzianbrennerei Grassl.

Alte Saline, Bad Reichenhall

Salz wird in Bad Reichenhall vermutlich bereits seit der Keltenzeit gewonnen: Solequellen brachten das in Frühzeit und Mittelalter sehr wertvolle Salz an die Oberfläche, wo es dann in Sudpfannen eingedampft wurde. Die Alte Saline, die unter dem bayerischen König Ludwig I. errichtet wurde, ist ein einmaliges Industriedenkmal, birgt einen Quellenbau mit großen Wasserrädern und ein Salzmuseum.

Historische Randnotiz

Wie der Name „reich an hall (Salz)" bereits verrät, ist die Geschichte von **Bad Reichenhall** stark von der Salzgewinnung geprägt: Bereits im Jahre 696 wurden die Salzquellen erstmals urkundlich erwähnt. Da im Mittelalter das Salz die einzige Möglichkeit darstellte, Lebensmittel zu konservieren, galt Salz als das „weiße Gold" und trug maßgeblich zur wirtschaftlichen Blüte Reichenhalls bei. Die Solequellen ermöglichten auch den Aufstieg Reichenhalls zur Kurstadt: Ende des 19. Jahrhunderts galt sie als eine der mondänsten Kurstädte Deutschlands, durfte das „Bad" vor den Namen setzen und wurde sogar in den Reigen der königlichen Bäder aufgenommen. Die Gmain – ein Siedlungsraum, zu dem die heutigen Orte **Bayerisch Gmain** und das österreichische Großgmain gehörten – war im Mittelalter ein Mittelpunkt der Grafschaft des Grafen von Plain: Hier stand die Plainburg, deren Ruinen noch zu besichtigen sind.

Rupertustherme, Bad Reichenhall

Eine großzügige Thermen- und Saunalandschaft lädt zur Entspannung ein. Ein separiertes Sport- und Familienbad eignet sich – bei deutlich niedrigeren Eintrittspreisen – auch mal für einen Nachmittagsausflug mit Kindern.

ReichenhallMuseum, Bad Reichenhall

Das Reichenhaller Stadtmuseum logiert seit 2019 im aufwendig sanierten denkmalgeschützten Speichergebäude der Alten Saline, wo in früheren Jahrhunderten das Getreide für die Salinenarbeiter gelagert wurde. Die umfassende Sammlung mit den Themenschwerpunkten Archäologie, Salinengeschichte im Mittelalter und der Entwicklung Reichenhalls zu einer bedeutenden Kurstadt vermittelt viele interessante Einblicke.

Spielbank, Bad Reichenhall

Wer auf sein Glück setzen möchte, kann in der Bad Reichenhaller Spielbank Roulette, Black Jack, Poker und an Automaten spielen und dabei das internationale Flair – und auch diverse kulturelle Veranstaltungen – genießen.

Max-Aicher-Arena, Inzell

In der Eisschnelllaufhalle können Feriengäste sowohl spannende Sportwettbewerbe anschauen als auch sich selbst beim Publikumslauf und zum Eisstockschießen aufs Eis wagen. Zudem ermöglichen regelmäßige Führungen Einblicke in die moderne Architektur und die Geschichte des Eislaufs in Inzell.

Badepark mit Naturbadesee, Inzell

Ein familiäres Hallenbad, eine Saunalandschaft und im Sommer der Naturbadesee, der ganz ohne Chlor und Chemikalien auskommt: Der Badepark Inzell ist zu allen Jahreszeiten

Historische Randnotiz

Der Gemeindename **Inzell** geht auf die Christianisierung im Mittelalter zurück: Die Salzburger Benediktinermönche legten hier eine „innere Zelle" an, um ihre Glaubensbotschaften in die Region weiterzutragen. Salzhandel und Bergbau prägten den Ort über viele Jahrhunderte, der Name des Ortsteils Schmelz erinnert noch heute an die Verarbeitung der Erze. Die Erzlager waren aber bereits am Ende des 18. Jahrhunderts erschöpft, heute spielt der Tourismus in Inzell eine große Rolle.

eine interessante Alternative zum Wandern – oder ein

© Inzell im Chiemgau

Badepark, Inzell

willkommener Ausgleich nach den Touren.

Bartholomäus-Schmucker-Heimatmuseum, Ruhpolding

Ein ehemaliges Jagdschloss im Zentrum von Ruhpolding wird heute als Heimatmuseum genutzt. Hier können Besucher eine der vollständigsten Sammlungen alpenländischer Volkskunst entdecken: Trachten, Schmuck, Bauernmöbel, Gemälde, Schnitzereien, aber auch eine Uniform- und Waffensammlung.

Holzknechtmuseum, Ruhpolding

Das Leben und Wirken der Holzknechte, die für die Traunsteiner Saline (1619 – 1912) große Mengen von Holz herbeischafften, steht im Mittelpunkt dieses Museums. Original erhaltene Hütten und Werkzeuge, aber auch nachgestellte, lebensgroße Szenarien und interaktive Stationen informieren über die Holznutzung und den Bergwald.

Historische Glockenschmiede, Ruhpolding

Kuhglocken und Werkzeuge wurden in früheren Jahrhunderten in dieser Schmiede hergestellt, die als Kulturdenkmal erhalten ist. Wasserräder betrieben die Hämmer und den Blasebalg; das Museum gibt einen guten Eindruck von der alten Handwerkstradition.

Vita Alpina, Ruhpolding

Das Erlebnisbad in Ruhpolding hat als einziges Wellenbad der Region eine besondere Anziehungskraft und kann zudem mit einem vielfältigen Saunabereich aufwarten. In den Sommermonaten öffnet das anliegende Freibad.

Historische Glockenschmiede am Thoraubach

Historische Randnotiz

Die heutige Gemeinde **Ruhpolding** entstand 1882: Die drei unabhängigen Gemeinden Ruhpolding, Zell und Vachenau schlossen sich zusammen. Nachdem die Menschen dort jahrhundertelang überwiegend von Landwirtschaft und Holzverkauf – vor allem für die Traunsteiner Saline – gelebt hatten, gewann ab 1933 und erst recht nach dem Zweiten Weltkrieg der Tourismus an Bedeutung: Dr. Degener, ein Berliner Reisebüro, erkor Ruhpolding zu seinem bevorzugten Pauschalreise-Ziel, arrangierte Sonderzüge dorthin und löste somit einen regelrechten Tourismusboom aus. Eingedenk seiner Verdienste haben die Ruhpoldinger Dr. Degener zum Ehrenbürger ernannt und einer langen Promenade entlang der Traun seinen Namen verliehen.

Eishalle, Ruhpolding

Von Oktober bis März bietet die Eishalle täglich mehrstündige Optionen zum Eislaufen und Eisstockschießen.

Stadionführung in der Chiemgau Arena, Ruhpolding

Eine zweistündige Tour durch die Chiemgau-Arena ermöglicht Blicke hinter die Kulissen des Olympiastützpunktes: Biath-leten und nordische Skisportler trainieren hier regelmäßig. Der alljährlich hier stattfindende Biathlon-Weltcup weckt das Interesse vieler Sportinteressierter.

Fossilien im Naturkunde- und Mammut-Museum

Naturkunde- und Mammut-Museum, Siegsdorf

Ein unweit von Siegsdorf gefundenes Mammutskelett bildete den Grundstein für dieses Naturkunde-Museum, das die Grundlagen der geologischen Geschichte der Region, die Vielfalt der Fossilien und die Giganten der Eiszeit zeigt. Zudem erhalten die Besucher einen Eindruck vom Leben in der Steinzeit und können während der Sommermonate im Außenbereich verschiedenen Aktivitäten nachgehen.

Salinenpark, Traunstein

Mit dem Salinenpark erinnert Traunstein daran, dass die älteste Pipeline der Welt hierher führte: Bereits 1619 wurde eine hölzerne Soleleitung von den Solequellen in Reichenhall zur damals neu errichteten Saline in Traunstein eröffnet. Nachgebaute Pumpen und eine Wassersäulenmaschine – eingebettet in einen schönen Park vor den barocken Gebäuden der ehemaligen Saline – vermitteln einen Eindruck der frühen Technik. Weitere Informationen liefert eine Ausstellung in einem der ehemaligen Salinengebäude.

Brauereiführung im Hofbräuhaus, Traunstein

Eine Führung durch das historische Brauereigebäude vermittelt Interessantes über das alte Handwerk des Bierbrauens. Dampfmaschinen, Kupferpfannen und nachgestellte Szenerien, beispielsweise wie früher Fässer hergestellt wurden, lassen sich auf der Führung, zu der auch eine Bierverkostung gehört, besichtigen.

Lesesäle in den Tourist Infos

In den Lesesälen der Tourist Infos von Schönau und Ramsau sowie im Haus des Gastes in Inzell finden Feriengäste, die ihre Regentage etwas ruhiger angehen möchten, aktuelle Tageszeitungen und Zeitschriften sowie kostenloses WLAN.

Salzburger Altstadt

Ihre Lage an der Salzach, umringt von den Stadtbergen, verleiht der Salzburger Altstadt ihre besondere Attraktion. Hinzu kommt, dass das barocke

Altstadt Salzburg

Stadtbild mit großen Plätzen, einem sehenswerten Dom und vielen schönen Kirchen und Gebäuden noch sehr gut erhalten und als Unesco-Weltkulturerbe gerühmt ist. Als Museen sind das Salzburg Museum, das DomQuartier und das Haus der Natur, Letzteres auch für Kinder, besonders interessant.

Schloss und Wasserspiele Hellbrunn, Salzburg

Der Schlosspark ist eine Schau – etwa mit leuchtenden Dahlienbeeten von Juli bis September oder seinem Abenteuerspielplatz. Die Wasserspiele sind ein Spaß, mit dem sich bereits die Gesellschaft der Adeligen im 17. Jahrhundert vergnügt hat.

Zoo, Anif bei Salzburg

Seine Lage vor einer natürlichen Felswand und seine wohl bedachte Anlage belässt den Lebensräumen der Tiere in diesem Zoo viel Natürlichkeit. Tolle Führungen unter bestimmten Themenschwerpunkten machen ihn bei Regenwetter zu einer wirklich attraktiven Alternative.

Hans-Peter-Porsche TraumWelt, Anger

Eine Sammlung von Blechspielzeugen und eine Modellbahnwelt in einem modernen Museumsbau mit Park und Abenteuer-Spielplatz bilden ein außergewöhnliches Museum, mit dem sich der Porsche-Enkel einen Traum verwirklicht hat.

Die Autorin

Elke Kropp zog 1990 aus München nach Schönau am Königssee. Sehr bald vertiefte sie ihre Begeisterung für die Berge und das Wandern. 2016 beauftragte der Plenk Verlag die Journalistin, einen Wanderführer für die Berchtesgadener Alpen zu schreiben. Ihre sorgfältig ausgewählten, in der Regel als Rundtouren konzipierten Wandervorschläge fanden derart guten Anklang, dass sie gerne in diesem Metier weiterarbeiten wollte: Mit Begeisterung hat sie all die in diesem Wanderführer beschriebenen Touren erwandert – oftmals mehr als einmal – und dann mit der ihr eigenen Präzision für ihre Leser dargestellt.

Register

Register

Adlerhügel 214
Almbachklamm 64
Almerlebnisbus 112, 116
Alpgarten-
  Rundweg 205
Amalienhöhe 170
Archenkanzel 21
Aschauer Klamm 136
Auer Rundweg 74
Bachmannkapelle 94
Baderlehenkopf 52
Bad Reichenhall 183, 188
Barmstein 72
Bayerisch Gmain 188, 200
Bäckeralm 162
Berchtesgaden 54
Bindalm 112, 116
Böcklweiher 84
Brandkopf 34
Brander Alm 247
Burg Gruttenstein 183, 188
Burgstallkopf 91
Bürgermeisterhöhe 173
Dötzenkopf 203
Dreisesselberg 176
Eisbach 12
Eisenärzt 224
Eiskapelle 12
Einsiedl 150
Endstal 42
Engedey 94
Ettenberg 64
Falkensee 150
Falkensteinrunde 150
Fischunkelalm 16
Förchensee 244
Freimahderköpfl 211
Frillensee 164
Gasthaus Adlgaß 164
Gerner Höhenweg 59
Großgmain 200
Gruttenstein 183, 188
Grünstein 24
Gletschermühlen 52
Haaralm 237
Haaralmscheid 239

Halsalm 110
Himmelsleiter 146
Hintersee 106, 110
Hirschbichlpass 116
Hirscheck 122
Hochschwarzeck 122, 124
Hochgartdörfl 50
Hochfelln 228
Hochplatte 208
Hochschlegel 176
Holzgeisterweg 254
Höllenbachalm 143
Höllgraben 46
Infangtal 218
Inzeller Filzen 158
Inzeller Kienbergl 154
Jenner 31
Kaitlalm 250
Kalter Keller 46
Karkopf 176
Kastensteinerwand 88
Kälberstein-
  Sprungschanze 50
Kehlstein 43
Kehlsteinhaus 43
Kesselalm 158
Kienbergl-Runde 154
Klausbachhaus 110, 112
Klausbachtal 112
Kneifelspitze 62
Königssee 12, 16, 18, 24
Königsseer
  Achenweg 26
Königssee-
  Halbinsel 12
Köpplschneid 68
Krottensee 150
Kugelbachbauer 170
Kührointalm 21
Kunterwegkirche 102, 108
Kunterwegkogel 102
Lercheck 74
Ligeretalm 40
Lindeweg 40, 46
Listsee 145, 180

Litzlalm	116
Litzlkogl	118
Lödensee	244
Loipl	91
Mais-Rundweg	205
Malerwinkl	18
Maria Eck	224
Maria Gern	54, 59
Marxenklamm	107
Marzoll	192, 196
Maximiliansreitweg	88
Mittersee	244
Mordaualm	124, 130
Naturpark Untersberg	196
Nesslauer Alm	234
Nonner Au	180
Nonner Oberland	180
Nördliche Traunauen	220
Oberau	74, 78
Oberjettenberg	139
Oberkälberstein Wildgehege	52
Obersalzberg	43, 46
Oberschönau	36
Obersee	16
Pankrazkircherl	167
Paulöd	152
Plainburg	200
Predigtstuhl	176
Priesbergalm	28
Purtschellerhaus	81
Rabenwand	18
Ragertalm	112
Ramsau	102
Ramsauer Schluchtweg	119
Rauschberg	253
Reischelklamm	170
Rossfeld-Panoramastraße	81
Rostwald	50
Röthbachfall	16
Röthelmoos Almen	240
Ruhpoldinger Dorfzentrum	214
Ruine Karlstein	167
Saalachsee	173
Saletalm	16
Salinenwege	170
Salzburger Freilichtmuseum	196
Scharitzkehl	40
Schluchtenweg	46
Schmuckenstein	124
Schneibsteinhaus	31
Schwarzachenalm	250
Schwarzbachalm	132
Schwarzbachloch	132
Soleleitung	119, 126, 170
Söldenköpfl	94
Stahlhaus	31
Stollenweg	78
St. Bartholomä	12
Sulzbergkopf	36
Taubensee	126
Thumsee	144, 167, 172
Thorau Almen	231
Toter Mann	122
Tristramschlucht	84
Unternberg	247
Vorderbrand	34
Vordermiesenbach	220
Waldbahnweg	146
Wappachkopf	203
Wappachtal	240
Wartstein	106
Weißbachfall	146
Weißbachschlucht	140
Weißbach-Quelltopf	147, 153
Weitsee	244
Wimbachgries	98
Wimbachklamm	98
Wimbachschloss	98
Wimbachtal	98
Windbachstube	218
Wittelsbacher Höhe	218
Wolfschwang	200
Zauberwald	106
Zwingsee	150

Register

Herausgeber
Verlag Plenk Berchtesgaden GmbH & Co. KG
83471 Berchtesgaden | Koch-Sternfeld-Straße 5
Telefon +49 (0) 8652 4474
mail: info@plenk.media | www.plenk-verlag.com

2. aktualisierte Auflage 2021
Autorin: Elke Kropp | Bilder: Autorin und Verlag
Druckvorstufe: plenk.media | Gesamtherstellung: Printed in EU

Die GPX-Daten hat der Verlag – ebenso wie die Tourenkarten – auf Basis
von offiziellem Kartenmaterial nach bestem Wissen und Gewissen
erstellt. GPX-Daten können vom Gelände abweichen. Es kann passieren,
dass bei die Wiedergabe mit GPS-Geräten durch Störungen die Tracks
fehlerhaft dargestellt werden. Der Verlag empfiehlt den Nutzern, stets
Vorsicht walten zu lassen, das eigene Orientierungsvermögen nicht
zu ignorieren und nicht abseits ausgeschilderter Pfade ins Gelände zu
gehen. Die GPX-Tracks werden unverbindlich zur Verfügung gestellt.
Für die Benutzung ist der Wanderer und Bergsteiger (Nutzer) alleine
verantwortlich. Der Verlag übernimmt keine Gewähr für die Richtigkeit
der GPX-Daten (Tracks).

Der Wanderführer bzw. die Touren unterliegen stetigen Veränderungen
auch durch Natureinflüsse (Unwetter, Felssturz, Lawinen, Hochwasser
usw.). Die Angaben im Führer können vom aktuellen Naturzustand
abweichen. **Zeitangaben können je nach Kondition unter- oder
überschritten werden!** Alle Touren wurden 2019 und 2021 neu
begangen und nach bestem Wissen und Gewissen zusammengestellt.
Alle Benutzer der Karten und des Führers verwenden diese
ausschließlich auf eigenes Risiko und auf eigene Gefahr, somit
eigenverantwortlich. Eine Haftung für etwaige Schäden und Unfälle
jeder Art übernimmt der Verlag nicht. Bei der großen Datenmenge, die in
diesem Wanderführer, den Kartenskizzen, den Fotos und den GPS-Tracks
verarbeitet wurden, können Fehler vereinzelt auftreten. Unstimmigkeiten
sind nicht auszuschließen.
**Änderungshinweise und Korrekturen nimmt der Verlag gerne
entgegen und ist sehr dankbar dafür!**